Ich bin still

Holger Niederhausen

Ich bin still

Ein Lebensbuch für stille Mädchen

Das Menschenwesen hat eine tiefe Sehnsucht nach dem Schönen, Wahren und Guten. Diese kann von vielem anderen verschüttet worden sein, aber sie ist da. Und seine andere Sehnsucht ist, auch die eigene Seele zu einer Trägerin dessen zu entwickeln, wonach sich das Menschenwesen so sehnt.

Diese zweifache Sehnsucht wollen meine Bücher berühren, wieder bewusst machen, und dazu beitragen, dass sie stark und lebendig werden kann. Was die Seele empfindet und wirklich erstrebt, das ist ihr Wesen. Der Mensch kann ihr Wesen in etwas unendlich Schönes verwandeln, wenn er beginnt, seiner tiefsten Sehnsucht wahrhaftig zu folgen...

1. Auflage März 2023

© Holger Niederhausen · Alle Rechte vorbehalten
Umschlagabbildung: Shutterstock / Susanitah, verändert
Herstellung und Verlag: BoD – Books on Demand, Norderstedt
ISBN 978-3-7431-7831-1

In der Stille lebt das Wunder

Inhalt

Vorwort 9

Noch Weiteres zu Beginn 11

Wer bin ich? 15

Vorurteile und Weltbilder 19

Heilung 27

Dämonen 31

Engel 35

Hingabe 39

Instagram & Co. 45

Märchen 49

Brave Mädchen... 55

Ich bin still... 61

Zartheit 65

Unschuld 69

Dein Wille geschehe... 75

Mut 77

Naivität 79

Blut 83

Idealisieren 89

Offenbarung 93

Nachwort 105

VORWORT

Dieses Buch ist für Dich. Ich kenne Dich nicht. Trotzdem sollst Du Dich gemeint fühlen, und zwar ganz.

Alles, was ich schreibe, werde ich versuchen, völlig verständlich und nachvollziehbar zu machen, und jederzeit kannst Du selbst innerlich und für Dich sagen: ‚Das finde ich aber nicht...' oder: ‚Das stimmt für mich so nicht.'

Denn – natürlich ist dieses Buch für mehrere Mädchen geschrieben, denn zum Glück sind viele Mädchen so wie Du. Kein einziges genau wie Du, aber eben still ... wie Du.

Und davon werde ich schreiben. Vom Geheimnis der Stille – und vom Geheimnis des Mädchens. Und immer wieder werde ich schreiben, warum. Und wenn Du Dich irgendwo nicht wiederfindest, ist das in Ordnung. Es gibt zum Beispiel auch Mädchen, die sind nur ‚halb still'. Oder stille Mädchen, die gar nicht still sein wollen. Und so weiter.

Dieses Buch ist wie ein Schatzkästchen. Such Dir heraus, was für Dich wertvoll und kostbar ist. Und geh dann damit weiter Deinen Weg. Ich wünsche Dir von Herzen alles, alles Gute!

Noch Weiteres zu Beginn

Früher schrieb man in Briefen das ‚Du' immer groß – als deutliches Zeichen, wie ernst man es meinte mit diesem heiligen Wort: Du... Damit war eine sehr innige Beziehung gemeint, und es ist wunderschön, diese Möglichkeit der Sprache, ein bestimmtes Wort auf einmal groß zu schreiben, nur weil es als etwas ganz Besonderes *gemeint* wird... Genau so werde ich es also auch machen...

Als Nächstes fallen Dir vielleicht diese drei Punkte auf, die immer wieder auftauchen. Was ist das...? Sie sind schon ein erster Bezug zum Geheimnis der Stille. In der Musik gibt es die Pausen. Aber in den Pausen passiert ja etwas... etwas sehr Wesentliches. Das zuvor Erklungene klingt weiter... klingt weiter nach in der Seele. Es ist kein abrupter ‚Bruch', sondern es sind Momente der Stille, die dazu führen, dass das Bisherige überhaupt erst wirklich zu *wirken* beginnen kann. Insofern sind Pausen vielleicht das Wichtigste überhaupt. In ihnen *entfaltet* sich das Geheimnis...

Und so sind diese drei Punkte ebenfalls gemeint. Sie sind der Versuch, anzudeuten, wo etwas mehr in der Schwebe bleibt als sonst... Wo die Seele beim Lesen ausatmen soll, für Momente *verweilen*, oder es ist wie ein zarter *Übergang* zum Nächsten...

Ganz ähnlich ist es auch mit den *kursiv* (so schräg) gesetzten Worten. Sie zeigen eine besondere innere Betonung beziehungsweise Hervorhebung an. Die meisten Erwachsenen, die sich damit beschäftigen, halten es für einen ‚schlechten Stil', mehr als ein Wort alle paar Seiten kursiv zu schreiben. Weil es angeblich das Schriftbild ‚verschandele' und so weiter. Ich finde das nicht. Und selbst wenn es so wäre, wäre es trotzdem viel wichtiger, dass die Seele weiß, *wie* etwas gelesen und verstanden werden soll und wie nicht.

Innere Betonungen sind unendlich wesentlich – sonst wird alles ein Einheitsbrei. Und ... auch Windräder verschandeln nicht die Landschaft, wie viele denken. Es sind einfach ‚treue Brüder', die uns durch ihre ganze Arbeit Energie schenken, die die wunderbare Erde nicht kaputtmacht. Sie helfen gerade, das *Leben* zu bewahren...

Und eben nun habe ich diese ‚Anführungszeichen' verwendet. Das tue ich immer dann, wenn etwas zum Beispiel die Meinung oder Bezeichnung von Anderen ist (wie beim ‚schlechten Stil') – oder wenn etwas auf andere Weise nicht selbstverständlich ist, erklärungsbedürftig, nur in einem übertragenen, indirekten, vielleicht sogar nur hilfsweisen Sinne gemeint oder in ähnlichen Fällen.

Eigentlich müsste ich jetzt also auch ‚treue Brüder' weiter erklären – warum ich das geschrieben habe. Aber vielleicht verstehst Du es auf Anhieb selbst aus dem Herzen heraus... Überhaupt wäre es mir am liebsten, dieses Buch könnte wie ein *Gespräch* sein, aber das ist es nur für Dich. Du kannst jederzeit Pausen machen, über etwas nachdenken, etwas noch einmal lesen ... und vieles andere tun. Auf diese Weise *wird* ein Buch zu einem stillen Gespräch zwischen Seele und Text.

Aber noch viel lieber wäre es mir, Du könntest Zwischenfragen stellen – und ich könnte dann darauf eingehen. *Diese* Innigkeit eines Gesprächs ist leider nicht möglich... Ich hoffe aber, dass du spüren kannst, dass ich dies bedauere ... und dass die ganze Art des Buches Dir dennoch das Gefühl schenkt, in einem echten Gespräch zu sein, denn das ist wirklich gemeint.

*

Die Sternchen zeigen immer einen Übergang an. Sie teilen sozusagen noch innerhalb eines Kapitels Abschnitte ab, die jeweils Neues in sich tragen. All diese Dinge sind viel wichtiger, als man denkt. Es sind nicht einfach theoretische Vereinbarungen, die man trifft, sondern es sind wesentliche Elemente – wie die Pausen... Das beginnt ja schon bei den Absätzen, zwischen denen dann leere Zeilen stehen. Erst durch all diese Dinge beginnt ein Text zu *atmen*... Zu leben...

Er ist nicht einfach eine atemlose Aufeinanderfolge von Sätzen, sondern erweitert sich zu Gedanken, zu Sinn, zu etwas, was man *verstehen* kann und soll und im Lesen auch tut. Und dadurch *wird* es ein Gespräch, eine Begegnung, eine Bereicherung, ein Geschehen ... etwas Lebendiges, Kostbares... Denn es ist *Deine* Lebenszeit! Du liest gerade in diesem Buch und tust nicht etwas anderes – was Du jederzeit tun könntest, aber stattdessen schenkst Du Deine Zeit diesem Buch. Also hast Du auch etwas sehr Kostbares verdient. Es gibt aber vielleicht nichts Kostbareres als die Stille selbst ... denn in ihr liegt alles ... wir wissen es zunächst nur nicht...

Aber jedenfalls ist alles, selbst jede leere Zeile, jedes Sternchen ... ein Geschenk an *Dich* ... denn *Dir* soll es helfen, dass dieses ganze Buch, aber auch jeder Absatz, ja schon jedes Wort zu einer wirklichen Begegnung wird ... einem stillen Eintauchen in den Sinn ... in das Kostbare, und schon die Begegnung selbst ist kostbar, aber der Sinn auch...

Aber jetzt gehen wir weiter, zur ersten und vielleicht schon wichtigsten Frage überhaupt...

Wer bin ich?

Wer bist Du...? Wenn ich diese Frage selbst stellen würde, könnte ich es nur in einer heiligen, sehr, sehr vorsichtigen Weise ... denn dies würde so unendlich viel umfassen ... man kann diese Frage überhaupt nicht beantworten... Du spürst ja selbst, dass Du, dein ganzes Wesen, eine ganze *Welt* ist, die man einfach nicht erklären kann, schon gar nicht in wenigen Worten, wenn überhaupt...

Und auch Du sollst Dir diese Frage gar nicht unbedingt in dem umfassenden Sinn stellen, wie sie die Überschrift dieses Kapitels angedeutet hat, sondern es soll in diesem Kapitel eigentlich nur um die viel spezifischere Frage gehen, *wie* still Du wirklich bist... So hätte die Überschrift also auch sein können: ‚Wie still bin ich wirklich?'

Diese Frage ist allein schon deshalb wichtig, weil Du nach dem Finden einer Antwort viel besser wissen kannst, inwiefern dieses Buch Dir etwas bedeuten kann oder auch nicht. Denn es ist für stille Mädchen geschrieben. Aber vielleicht bist Du wie gesagt nur ‚halb still' ... oder auch ganz anders...

Was meine ich ... und wie findet man das heraus? Ganz einfach. Es sind bestimmte Fragen, es ist eine bestimmte Art von Fragen, die man sich stellen kann, um es herauszufinden – die Art herauszufinden, in der man empfindet ... und die es *bedeutet*, ein stilles Mädchen zu sein oder auch nicht... Ich werde versuchen, im Sinne eines Gespräches, solche Fragen zu formulieren.

Eine sehr wichtige Frage ist bereits: Leidest Du darunter, ‚still' zu sein – und wenn ja, willst Du es sogar ändern? Und wenn ja, in welche Richtung, in welchem Maße? Die *wirklich* stillen Mädchen mögen vielleicht darunter leiden, dass sie so ‚anders' sind ... aber sie können und wollen sich auch nicht *ändern* ... weil sie spüren, dass dieses Andere gerade ihr Wesen ist. Wie könnte man sich ändern, wenn man still *ist*...?

Wenn man es aber nicht ‚ist', sondern auf welche unglückliche Weise auch immer nur vorläufig so *geworden* ... dann kann man auch den Wunsch verspüren, *nicht* mehr so zu sein, anders zu sein, mutiger, extrovertierter (nach außen gekehrter), gesprächiger, kontaktfreudiger, lebendiger (nach außen hin) und all diese Dinge.

Ein wirklich stilles Mädchen kann all diese Sehnsüchte *auch* haben ... aber gleichzeitig wird es sein eigenes stilles Wesen niemals aufgeben können, und das ist etwas Wunderbares. Auch sie wird es schaffen können, mehr aus sich herauszugehen und so weiter, wenn sie das möchte, aber sie wird es dennoch auf eine *stille* Art tun – und das ist es, worauf es ankommt. Sie wird ihr ganzes Wesen behalten, in allem, was sie tut.

Die Frage ist also: Bist Du *wirklich* still – oder nur deshalb, weil Du vielleicht zu schüchtern bist, das aber gleichzeitig auch ändern willst...

Es gibt andere Fragen, die Du Dir stellen kannst und mit denen Du einer Antwort immer näher kommen kannst. Im Grunde geht es sehr stark um die bereits berührte Frage nach ‚extrovertiert' und ‚introvertiert'. Stille Mädchen sind sehr in sich gekehrt, sie ‚stürzen' sich nicht ins Leben, sondern tasten sich gleichsam ganz langsam in das Leben hinein ... und beobachten es gleichzeitig sehr aufmerksam, vielleicht sogar sehr liebevoll, jedenfalls auf eine sehr sanfte, stille Weise...

Die Fragen lassen sich deshalb fortsetzen... Gehst Du gern auf Geburtstagsfeiern, auch wenn es Feten werden, oder liebst Du mehr das Alleinsein, vielleicht die Natur...? Oder ... gehst Du lieber in Filme, ins Kino ... oder tauchst Du lieber ein in die Fantasiewelt eines Buches? Lebt Deine Seele mehr nach außen – oder kennst Du diese ganze Welt stiller, manchmal einsamer Innenerlebnisse...? Fühlst Du Dich wohler mit *anderen* ... oder ist Deine viel vertrautere Heimat jene Zeit, in der Du für Dich bist, umgeben von einem *stillen* Leben, etwa der Natur oder einem Buch oder Deinen ganz eigenen Gedanken, Fantasien, Tagträumen...?

Wie still bist Du...? Ist die Stille Deine Heimat ... oder willst Du ihr eher entfliehen und kannst es nur nicht (immer)?

Dieses Buch ist für die *wirklich* stillen Mädchen geschrieben – für Dich, wenn Du eines dieser Mädchen bist.

Wenn Du es nur bist, weil Du *noch* schüchtern bist, dies aber so schnell wie möglich ablegen willst, wirst Du in diesem Buch nicht viel für Dich finden – aber wer weiß ... vielleicht kann es für Dich trotzdem kostbar sein. Und ... es gibt auch Mädchen, die *glauben*, nicht zu den wirklich stillen zu gehören ... aber vielleicht tun sie es doch. Die Wege des Lebens und die Wunder des eigenen, ganz einzigartigen Wesens sind viel zu vielfältig, um diese Möglichkeit auszuschließen.

In jedem Fall kannst Du mit diesem Buch tun, was Du willst ... Du kannst Dich vollkommen darauf einlassen, Du kannst es an einem bestimmten Punkt zur Seite legen, Du kannst es aus dem Fenster werfen – Du kannst alles tun... Wenn Du aber ein *stilles* Mädchen bist, wirst Du das letztere ganz sicher nicht tun... Sondern Du wirst bei dem Gedanken, ein Buch aus dem Fenster zu werfen, vielleicht eher still erstaunt innerlich aufgelacht haben, weil er Dir so absurd erschien...

*

Was auch immer die Fragen Dir für Erkenntnisse geschenkt haben: Du musst die Antwort nicht vollkommen *gefunden* haben. Vielleicht wusstest Du sie aber sogar schon vorher. Es ist alles wunderbar – die Hauptsache ist, dass es Dir gut geht. Dieses Kapitel sollte vor allem dazu da sein, deutlich zu machen, für wen dieses Buch hauptsächlich gedacht ist ... und Dir zu helfen, irgendwie herauszufinden, ob Du eines dieser Mädchen bist... Du musst es noch immer nicht wissen, aber Du weißt jetzt immerhin, wie Du mit diesem Buch umgehen darfst und sollst.

Es steht Dir frei... Du kannst damit tun, was Du willst. Es soll Dir zu etwas dienen... Wo es Dich nicht mehr beschenken kann, hat es für Dich keine Bedeutung mehr. Es hat nur da eine solche, *wo* es Dir etwas schenken kann...

Trotzdem unterscheidet es sich von anderen Büchern, die für *alle* Mädchen gedacht sind und jedem einzelnen Mädchen die Botschaft vermitteln wollen: ‚Du bist wunderbar so, wie Du bist!' Vielleicht kennst Du solche Bücher oder sie sind Dir zumindest schon einmal begegnet. Dieses Buch hier richtet sich *nicht* wirklich an alle Mädchen – sondern wirklich und ausdrücklich an die *stillen*, und das ist ein großer Unterschied. Es möchte den *stillen* Mädchen die Botschaft vermitteln, dass sie wunderbar sind, wie sie sind – und auch *warum*... Denn sie sind ein ganz *besonderes* Wunder.

Vorurteile und Weltbilder

Jetzt geht es gleich sehr bedeutsam weiter. Denn nun kommt etwas ganz Wesentliches (die Sprache ist etwas schwierig, denn unwesentlich ist in diesem Buch gar nichts...). Manche Mädchen nämlich halten sich nur deshalb nicht für ‚still' oder wollen dem entfliehen, weil es in unserer heutigen Kultur so regelrecht *belächelt* wird, geradezu *abgewertet*, und zwar auf die verschiedenste Weise.

Dieser Punkt ist so wichtig, dass es eigentlich gar nicht anders möglich ist, als ihn jetzt, an dieser Stelle, gleich zu Beginn zu behandeln. Er ist sozusagen das Tor zu allem übrigen, durch dieses Tor müssen wir zunächst gehen...

Jede Zeit hat ihre Hauptvorstellungen – jene Gedanken, die jeweils die Mehrheit einer Zeit prägen, ihre ganze Entwicklung, ihre Tendenzen und damit überhaupt die Welt, wie sie ist; wie man sie um sich vorfindet. Das, was man dann vorfindet, nennt sich ‚Realität', und notgedrungen hält man es zunächst meist auch für eine ‚Normalität' – was soll man sonst tun? Was man vorfindet, erscheint zunächst als unvermeidlich, vielleicht sogar gar nicht anders denkbar.

Und doch ist ja jederzeit auch unendlich viel anderes denkbar – es ist nur nicht ‚Realität' ... oder zumindest nicht ‚Normalität'. Aber die erste Frage ist hier bereits: Was *ist* denn überhaupt ‚normal'?

Und wenn man etwas darüber nachdenkt, dann zeigt sich: Als ‚normal' wird zunächst immer das betrachtet, was ‚verbreitet' ist, also ‚Mehrheit'. Was dann weniger verbreitet ist, ist nicht unbedingt gleich ‚unnormal', gehört vielleicht als ‚Minderheit' auch noch zur ‚Normalität', aber so *ganz* normal ist es auch nicht mehr...

Das bedeutet: Dasjenige, was jeweils gerade die Mehrheit ist, hat die Tendenz, sich als das ‚Maß aller Dinge', als den Maßstab zu betrachten und zu präsentieren. Da, wo die meisten Menschen weiß sind, ist es normal, weiß zu sein – wo sie schwarz sind, ist *dies* normal. Das Gleiche betrifft Gedanken. Wo man es für normal hält, dass es erstrebenswert sei, ‚cool' zu sein, sind die ‚Uncoolen' etwas schrecklich ‚Unnormales' – und so weiter. Wo die meisten Menschen extrovertiert und mit einem ‚gesunden Selbstbewusstsein' im Leben stehen, erscheint es als ‚unnormal', zu den ‚Stillen' zu gehören. Bei denen muss doch irgendetwas nicht so ganz stimmen ... vielleicht haben sie es zum Beispiel einfach nur nie geschafft, ein ‚gesundes Selbstbewusstsein' zu entwickeln, in jedem Fall zeigen sie einen *Mangel* von etwas...

*

Es ist wichtig, dass Du dies verstehen und durchschauen kannst. Diese Tendenz, die gerade automatisch immer wieder wirksam ist. Sie ist *falsch*. Sie führt zu *Vorurteilen* – das sind Urteile, die nicht stimmen, obwohl sie gefällt werden. Es sind Unwahrheiten, die man jedoch ganz ungeprüft einfach so für Wahrheiten hält.

Wie kommt so etwas zustande?

Solange ich sage, etwas ist ‚wenig verbreitet', gebe ich einfach nur eine *Beobachtung* wieder – gültig für eine ganz bestimmte Umgebung und eine ganz bestimmte Zeit. Hier und jetzt, wo ich mich befinde, ist es ‚wenig verbreitet', weniger jedenfalls als etwas anderes. Aber – das gibt mir noch lange nicht das Recht, es deshalb als *unnormal* zu bezeichnen oder zu empfinden.

Empfindungen kann ich zunächst natürlich nicht beeinflussen, aber sie werden eben auch geprägt von Gedanken. Wenn ich dahin komme, den Gedanken ‚unnormal' nicht mehr zu *denken*, würde ich auch dahin kommen, es irgendwann ebenfalls nicht mehr so zu empfinden.

Aber das ist eben leider nicht das einzige Problem. Denn ... bleiben wir einmal bei dem Beispiel des ‚Coolen'. Es ist nicht einfach nur eine *Beobachtung*, dass manche Menschen nach dem Coolen streben und andere nicht – sondern es ist eine regelrechte Tendenz. In einer bestimmten Zeit können gewisse Dinge ‚angesagt' sein und andere ‚out'. Wo immer solche Gedanken aber wirken, bedeutet das, dass über bestimmte Dinge ein *Werturteil* gefällt wird.

Werturteile sagen nicht einfach nur ‚ja/nein', ‚existiert' oder ‚existiert nicht', ‚wahr/falsch', sondern sie sagen ‚gut' oder ‚schlecht', ‚positiv' oder ‚negativ', ‚erstrebenswert' oder ‚nicht erstrebenswert'. Sie *bewerten*.

Und jetzt entsteht das Problem. Denn: Menschen bewerten fast nie nur für *sich*, sondern immer generell. Sie sagen nicht einfach nur ‚Ich finde...', sondern sie meinen es generell. Also nicht: ‚Dies und jenes finde ich uncool', sondern: ‚Dies und jenes *ist* uncool' – und dahinter steht die weitere Aussage: Man *soll* cool sein und cool sein wollen, alles andere ist idiotisch...

Das ist der ganze Zusammenhang. Nur dadurch entsteht wirklich die Situation, dass man – als eine schweigende, zustimmende Mehrheit – etwas für *unnormal* halten kann, das gar nicht unnormal *ist*, sondern einfach nur selten(er), wenig(er) verbreitet, aber mit dem gleichen Recht zu existieren!

Es ist also *nicht im Geringsten* ‚unnormal' und ‚schlecht', wenn man still ist, in sich gekehrt, eher kontaktscheu, vielleicht sogar schüchtern – das ist weder etwas Schlechtes, noch etwas Krankhaftes, noch ein Mangel oder sonst etwas. Es ist, was es ist – und mehr nicht. Doch: Es ist weit, weit mehr. Es ist unendlich kostbar... Aber das kann man nur nach und nach verstehen, und auf dieses stille, langsame Verstehen hat unsere Zeit (die jetzige, heutige Mehrheit) einfach nur keine *Lust*, aber das ist *ihr* Problem, verstehst Du? Nicht Deines... Die Anderen haben ein Problem, nicht Du...

*

Die ‚Coolen', die Nicht-Stillen, die Extrovertierten, die sich ins Leben Stürzenden ... entweder sie können auch das *ganz Andere* akzeptieren, oder sie haben ein echtes Problem, nämlich ihre eigene Intoleranz – oder mehr noch, ihren echten Mangel an Verständnis, an der Fähigkeit, etwas zu *verstehen*.

Aber das ist kein Zufall. Denn wo immer man etwas verstehen *würde*, könnte es ja sein, dass man auch einen *eigenen* Mangel erkennen könnte. Es könnte ja sein, dass gerade das Coole einen *Mangel* an etwas offenbaren könnte ... vielleicht einen tiefen Mangel an Stille...? Aber das darf nicht sein, das muss man innerlich gleich von sich weisen, das geht nicht, weg damit – Stille ist uncool! *Sofort* wird das Werturteil gefällt, und schon sind die Dinge wieder klargestellt... Stille ist uncool, das ist so und das bleibt so. Und damit muss man sich selbst gar nicht hinterfragen, und das ‚Coole' bleibt der eigentliche Maßstab, das *Richtige* – und genau das war beabsichtigt.

Jeder Mensch will sich fortwährend *selbst* bestätigen. Deswegen muss das jeweils Andere *abgewertet* werden, wie subtil und verborgen auch immer.

Und das geht nicht nur den ‚Coolen' so, sondern auch den Anderen. Und manchmal geht es gar nicht direkt um ‚Abwertung', aber die Vorurteile bleiben dennoch.

Unzählige stille Mädchen zum Beispiel werden von ihren Eltern mit Sorge betrachtet, weil Eltern für ihre Kinder immer ‚das Beste' wollen – und natürlich wissen, dass ein *stilles Wesen* es im Leben viel schwerer hat. Es findet schwerer Kontakte, es kann sich nicht durchsetzen, es wird überall benachteiligt werden, wo es um Schnelligkeit, um Durchsetzungskraft, um Mut, um Kontaktfreudigkeit, um ein Aus-sich-Herausgehen geht...

Ja, das ist alles richtig. Nur wäre die erste Frage: Warum *geht* es in unserer Welt dauernd um diese Dinge und nicht um andere? Und selbst diese Frage haben viele Eltern durchaus – und bedauern sehr wohl, dass die Welt nicht viel mehr so ist wie ihr ‚stilles Mädchen' ... aber gleichzeitig können sie sich oft doch nicht ganz von dem Vorurteil lösen, dass vielleicht auch etwas *mangelhaft* daran ist, so still zu sein... Dass Dir also vielleicht doch etwas fehlt, dass Du vielleicht *doch* etwas mutiger, etwas durchsetzungskräftiger, zumindest kontaktfreudiger oder vielleicht auch schneller sein könntest...

Und genau da liegt das Problem, da beginnt es – und setzt sich immer neu fort. Das Vorurteil. Die Vorstellung, wie ein Mensch zu sein hätte, damit er *wirklich* normal ist... Dazugehört... Sich behaupten kann... Weil ihm nichts fehlt – wie Dir. Deine Eltern wünschen Dir vielleicht, dass Du alles hättest, was man so braucht – und kommen so bewusst oder unbewusst immer wieder zu der Vorstellung, dass irgendetwas eben *doch* fehlt. Nicht nur zu Deinem eigenen Glücklichsein, sondern weil ein Mensch dies oder jenes einfach doch mehr haben *müsste* – und sollte.

Das ist also der Punkt und die entscheidende Frage: *Wie* sollte ein Mensch sein – und wo und ab wann *fehlt* ihm etwas, wie definiert man einen *Mangel*...?

Diese ganze Frage ist überladen von Vorurteilen – und jeder Mensch hat sie auf seine Weise. Weil aber unsere ganze Zeit von der subtil herrschenden Norm des ‚Coolen' regiert wird, ist immer da schnell das Vorurteil eines *Mangels* vorhanden, wo man dieser Norm nicht entspricht, ihr vielleicht sogar radikal widerspricht, sie nicht im Geringsten ‚erfüllen' kann.

Des Weiteren leben wir in einem Wirtschafts- und Gesellschaftssystem, das sich ‚Kapitalismus' nennt. Die Grundidee des Kapitalismus ist Konkurrenz, im Grunde also Egoismus. Daher die Notwendigkeit, sich durchsetzen zu müssen, erfolgreicher zu sein als andere, jedenfalls *auch* erfolgreich. Das beginnt schon in der Schule. Bestimmte Noten müssen geschafft werden – entweder, weil man sonst ‚durchgefallen' ist oder aber die Eltern ‚enttäuscht' ... oder auch sich selbst, weil man ebenfalls irgendwelche Maßstäbe übernimmt... Überall ist der Druck vorhanden, gewisse ‚Leistung zu bringen', man muss ‚funktionieren' und ‚performen', sonst ist man ‚durchgefallen'.

Und in dem Maße, in dem all dies für *normal*, für selbstverständlich gehalten wird, entsteht natürlich die umgekehrte Vorstellung, dass Seelen, die das nicht jederzeit ‚liefern' können, irgendwie weniger *tauglich* sind, einen *Mangel* haben, der nicht da sein sollte, allein schon, weil sie ja selbst auch unglücklich werden. Aber man hinterfragt eben nicht das, was an äußeren Bedingungen einfach Tatsache ist – sondern man hinterfragt den *Menschen*.

*

Doch die Bedingungen sollten immer dem Menschen dienen und nicht umgekehrt, oder? Es ist also falsch, zu dem Urteil ‚Mangel' zu kommen – es gibt nur eines, was mangelhaft ist, wenn ein Mensch unglücklich wird ... und das sind die äußeren Bedingungen! *Diese* sind dann mangelhaft!

Aber davor haben Menschen Angst – vor diesem Urteil. Denn sie sind ja gegeben, diese Bedingungen, es ist ja die ganze Welt, die man vorfindet! An die man sich auch selbst angepasst hat... Die man gar nicht ändern kann (oder doch?). Man *hat* sie jedenfalls nicht geändert – und auch die eigene Tochter rasselt nun in dieses Schulsystem, muss da durch, man kann die Noten nicht abschaffen, das Abitur nicht, das alles gibt es einfach, also *anpassen*... Anpassen als einzige Lösung. Und wenn es nicht klappt, *fehlt* irgendetwas... Performance mangelhaft, Leistung gerade noch ausreichend...

Das also ist der ganze Zusammenhang. Die Außenwelt wird akzeptiert, notgedrungen. Und letztlich vielleicht ganz *unbewusst* entsteht die schleichende Vorstellung, das alles, was mit dieser gegebenen Außenwelt schlecht oder schwierig zusammenpasst, *selbst eine Art Mangel hat*... Denn muss man mit dieser Welt nicht zurechtkommen und liegt der Mangel nicht immer bei einem selbst...? Oder eben bei der eigenen Tochter, wenn sie es so schwer hat? Irgendwie will man sich zumindest unbewusst auch von dem schlechten Gewissen befreien, dass man die Welt *auch* nicht ändern konnte, nicht mal für sie...

Aber auch als Erwachsener kann man sich gegen das Kollektivurteil selbst kaum wehren. Jenes Urteil, man *müsse* dies und jenes sein, das gehöre einfach dazu, in der heutigen Zeit, um Mensch zu sein, ohne einen Mangel, man *müsse*...

Und letztlich kann das Mädchen *selbst*, also Du, sich diesen ganzen Urteilen, die Dich unsichtbar umgeben, am wenigsten entziehen. Selbst wenn Deine Eltern sie nicht oder nur ansatzweise teilen, sind sie doch in der Welt und Du erlebst sie täglich, ja in jeder Sekunde. Die Schule ist nur einer ihrer sichtbar gewordenen Ausdrücke: Der Mensch *hat* zu ‚performen', er *muss* es. Wo es ihm nicht gelingt, macht er etwas falsch... Entweder ist er zu faul oder zu lahm, zu verträumt oder zu still... *Irgendetwas* macht er falsch...

*

Das alles sind machtvolle, mächtige Weltbilder. Sie prägen das Denken als absolute Grundüberzeugungen, die dann irgendwann nicht mehr hinterfragt werden können. Man geht von ihnen *aus* – und misst daran alles andere. Aber *das* ist der Fehler – nichts anderes. Der Mangel besteht nur darin: Dass man irgendwann nichts *anderes* mehr denken kann.

Denn es ließe sich eine ganze *Welt* denken, in der alles ganz anders wäre, viel *stiller*... Ruhiger, sanfter. Behutsamer... Freundlicher... Eine Welt des Freundlichen, des gegenseitigen, tiefen, stillen *Wohlwollens*... Eine Welt, in der alles seinen Platz haben darf, ohne beurteilt zu werden, bewertet zu werden... Eine Welt, in der alles genügt, wie es ist, in der es *geliebt* wird – und man keinen Mangel sieht, weil keiner existiert...

Ein Weltbild dagegen, das lauter Maßstäbe liefert, sodass ständig Grenzen und Mauern entstehen, Messlatten, die man erst einmal überspringen muss, um zu *genügen* ... ein solches Weltbild ist letztlich ganz offensichtlich unmenschlich und erbarmungslos. Und das ist der Punkt.

Ein Weltbild, in dem gerade die *stillen Mädchen* ‚durchs Raster fallen', ist das Hässlichste, was es überhaupt gibt. Es ist ein absoluter Wahnsinn, etwas ganz Furchtbares. Und in einer solchen Zeit leben wir. Wir leben inmitten des Wahnsinns – aber nicht Du bist der Fehler, sondern die Bedingungen, die Dich umgeben...

Du bist die Heilung...

Heilung

Jedes wahrhaft stille Mädchen hat all dies, was ich zuvor versucht habe, erlebbar zu machen, auf seine Weise bereits erkannt – nicht bewusst wahrscheinlich, aber in seinem Herzen. Allein schon dadurch, dass es an dieser ganzen Welt *gelitten* hat.

Nicht nur dadurch, dass es fortwährend selbst an Mauern, Grenzen und Maßstäbe gestoßen ist – sondern auch dadurch, dass es fortwährend erleben muss, was diese Welt, die so aufgebaut ist, jeden Tag ‚produziert': Kriege, Armut und Reichtum, Massentierhaltung, Klimakatastrophen – und noch vieles, vieles andere.

Jedes, wirklich jedes stille Mädchen wusste irgendwo im Innersten, dass nicht *sie* das Problem ist, sondern dass das Problem ist, dass nicht alle so sind wie sie... Denn keines dieser Probleme gäbe es mit *ihrer* Seele, mit ihren Empfindungen, ihren Gedanken, ihren Willensimpulsen... Ganz andere sind es, die dies alles ermöglichen und wirklich auch dazu führen...

Jedes stille Mädchen spürt das. Du bist also nicht allein. Es gibt sehr, sehr viele Mädchen, denen es auch so geht – auch wenn Du sie nicht kennst. Sie sind auf ihre Weise genauso allein, denn auch sie kennen Dich nicht... Ihr seid verstreut, überall ... dennoch seid Ihr die Heilung. Denn Ihr verkörpert genau das, was all dies unmöglich machen würde. Was in Eurer Seele lebt, das ist die wahre Zukunft, das wirklich Menschliche.

Und noch lebt die Welt wie in einem Zauberbann, in diesem gefangen gleichsam durch mächtige Dämonen – aber in Euch lebt bereits das Neue, das, zu dem selbst die Dämonen keinen Zugang haben... Ihr seid die Erlösung. Ich sage nicht, dass Ihr die Welt erlösen müsst, ich sage, dass Ihr die Erlösung *seid*. Was in Eurer Seele lebt, *ist* die Erlösung – und an der Welt ist es, dies zu begreifen. Wie *viele* es zunächst begreifen, ist gar nicht wichtig. Es geht um die Tatsache.

Diese Welt ist *krank*. Ich meine das nicht im übertragenen, umgangssprachlichen Sinn, sondern ganz wirklich. Es ist eine wirkliche Krankheit der Seele. Die Gedanken sind krank, die Vorstellungen, die Überzeugungen, sogar die Gefühle – die ganze Seele. Alle Seelen und deshalb die Welt.

Und dann gibt es die stillen Mädchen... Mädchen wie Dich. Und das sind die gesündesten von allen, denn sie tragen nicht jene Krankheit in sich... Sie *leiden* unter dieser Welt, aber gerade das offenbart, dass sie nicht ihre Krankheit teilen...

*

Wie krank muss eine Seele sein, die so etwas wie ‚Massentierhaltung' erfunden hat? Wie krank eine Seele, die im Supermarkt nur noch nach den eingeschweißten Verpackungen greift, ohne sich zu fragen, wie es den Tieren *ging* ... oder zumindest, wenn sie eben überhaupt Fleisch essen muss, ohne gleichsam innerlich *weinend* danach zu greifen, mit der ganzen Seele die des Tieres um Verzeihung bittend...?

Wie krank muss jemand sein, der Kriege führt oder andere Menschen ausbeutet, um sich selbst zu bereichern? Oder wie krank jemand, der dies als tägliche Nachrichten hört, ohne innerlich immer wieder von neuem zu verzweifeln?

Wie krank muss eine Seele sein, die den Kapitalismus für *normal* hält – und sich damit *abgefunden* hat? Ebenso wie mit allem anderen? Ebenso, wie all dies nicht normal ist, ist auch eine Seele nicht mehr normal, die sich damit abgefunden und sich selbst abgestumpft hat, sondern sie ist *krank*... Denn das Gesunde wäre, dass eine Seele niemals abstumpft... Das wäre das Gesunde und zugleich das Heilende... Denn wo es die Abstumpfung nicht gäbe, müssten die Dinge *aufhören*. Sie müssten einfach... Niemand würde es ertragen, und sie würden einfach aufhören. Wo sie nicht aufhören, geschieht es nur deshalb, weil alles *krank* geworden ist, erst die Seelen, dann die äußeren Umstände, die sie erschaffen...

*

Die *stillen* Mädchen... Sie fühlen am meisten das Unwahre, das Falsche, das Kranke – und leiden am meisten, denn alle anderen machen irgendwie mit, aber sie können es nicht. Das gerade ist es, was sie so still macht, auch das ist es – das tägliche unbewusste oder ganz bewusste Leid daran, dass die Welt so ist, wie sie ist, und nicht *anders*... Ganz, ganz anders... Das ist es, was die stillen Mädchen noch stiller macht, als sie es ohnehin schon wären. Das Leiden...

Und wieder gibt es ganz viele Erwachsene, die ganz schnell bei der Stelle sind und ‚helfen' wollen: Aber du leidest zu *viel*, meine Liebe ... das ist nicht gut... Wenn du so weitermachst, wirst du noch krank ... sieh mal, man *kann* nicht alles Leid auf dieser Welt aus der Welt schaffen, es ist nun mal da... Du kannst nicht den ganzen Tag leiden... Man kann sich nicht so viele Gedanken machen... Man muss auch mal lernen, die Dinge hinzunehmen... Das ist gar nicht gesund, so viel zu leiden... Irgendwas ist dann falsch, irgendwas stimmt dann nicht ... das ist nicht *normal*...

Und da ist es dann wieder... Das Urteil, dass *Du* nicht normal wärst, denn die Welt, die muss ja normal sein, es ist ja schließlich die Welt... Jeder passt sich an, und am Ende gelten diejenigen Seelen als krank, die an der Krankheit der Welt *leiden* – und einfach nicht damit aufhören können... Und nur sie begreifen noch ganz, dass die *Welt* krank ist – und dass man auch selbst krank ist, sobald man aufhört, darunter zu leiden...

Schon Egoismus ist eine Krankheit – um wieviel mehr dann aber erst recht Empfindungslosigkeit, Mitleidlosigkeit, der *Mangel* an der Fähigkeit, mitzuleiden...? Abstumpfung ist aber nichts anderes – sie ist *immer* eine Krankheit der Seele...

Und das wahrhaft Menschliche ist es, seine Empfindungsfähigkeit immer *tiefer* werden zu lassen.

Die *stillen* Mädchen machen das eigentlich schon ihr Leben lang... Deswegen sind sie die Heilung, in ihnen lebt sie einfach...

DÄMONEN

Jetzt kommt ein Thema, bei dem Du ganz besonders sehen musst, inwieweit Du da mitgehen kannst – oder eben auch nicht. Es geht mir nicht darum, Dich von etwas zu überzeugen, ohne dass Du selber denkst und empfindest, sondern auf letzteres kommt es immer an.

Ich bin von sehr vielem überzeugt, was über das rein äußerlich Sichtbare hinausgeht. Von der Existenz geistiger Wesen, die uns begleiten und die man ‚Engel' nennen könnte; von der Existenz eines absoluten Liebe-Wesens, das man das Christuswesen nennen könnte; von einer Existenz des Menschenwesens schon vor der Geburt und nach dem Tod und sogar in mehreren Leben auf Erden; und von der Existenz anderer geistiger Wesen, die uns in jedem Moment von dem wahrhaft Menschlichen *abbringen* wollen – die man ‚Gegenmächte' nennen könnte, aber weil das etwas abstrakt klingt, nenne ich sie Dämonen. Das soll gar nicht gruseliger klingen als nötig.

Die simple, aber entscheidende Frage lautet: Ist der Mensch einfach ein Zufallsprodukt der sogenannten ‚Evolution', ohne dass hier gleichzeitig auch eine höhere Welt von Wesen wirksam war? Ist er einfach nur ein Fleischklumpen mit etwas Gehirn, durch das so etwas Merkwürdiges wie ‚Gedanken' und ‚Gefühle' entstehen? Oder ist er weit, weit *mehr*? Wenn ja, ist dies nur denkbar, wenn es nicht aus dem Nichts entstanden ist, sondern wenn wir dieses ganze Dasein und diese ganze Entwicklung höheren Wesen verdanken, die uns und die ganze wunderbare Schöpfung noch immer begleiten.

Es gibt unendlich viele Hinweise darauf, so zum Beispiel religiöse Erfahrungen, Christuserlebnisse von Menschen in großer Not, dann die sogenannten ‚Nahtoderfahrungen', bis dahin, wo Menschen sich selbst, vielmehr ihren *Körper*, von oben gesehen haben, auf irgendeiner Intensivstation oder nach einem Verkehrsunfall auf der Straße – und wie soll das möglich sein, wenn Körper, Seele und Geist nicht etwas jeweils ganz Verschiedenes sind?

Und die andere entscheidende Frage ist: Ist all das, was wir dann so scheinbar normal ‚Mensch' nennen, einfach so in ihm ‚drin' – einschließlich des Egoismus, der Mitleidlosigkeit, der Härte, des Hasses, ja vielleicht sogar der Mordlust, der Lust am Leid anderer...? Oder sind, wenn *diese* Dinge anfangen, in seiner Seele Raum einzunehmen, noch ganz andere Wesen am Werk, die erfolgreich versucht haben, sich *Zugang* zu seiner Seele zu verschaffen...?

Die Frage ist also: Ist der Mensch *von Natur aus* zu allem Schrecklichen fähig – oder nur, wenn er bewusst oder unbewusst anderen Wesen Zugang zu seiner Seele erlaubt hat...?

*

Du merkst ganz sicher, wie entscheidend diese Frage ist – und wie sehr sie unser ganzes Weltbild verwandelt, ja geradezu umstürzt, je nachdem, ob wir das eine oder aber das andere glauben...

Wenn man die Existenz höherer Wesen (auch böser) annimmt, kann man den Menschen viel eher als von Natur aus *gut* ansehen – und alles Schreckliche ist dann zugleich eine schreckliche *Verführung* seiner Seele. Gleichzeitig ist hier dann viel konkreter auch die Möglichkeit einer *Heilung* gegeben.

Während die andere Alternative, dass das alles einfach als Möglichkeit von vornherein im Menschen ‚drin' ist, zwar die Annahme ‚einspart', an weitere Wesen zu ‚glauben' – zugleich aber die Konsequenz hat, dass jede Veränderung relativ aussichtslos erscheint, weil es ‚immer Menschen geben wird, die...' und so weiter und so fort. Man kann es zwar mit Gesetzen, mit Polizei und so weiter mehr und mehr versuchen zu verbessern – aber den *Menschen* ändern kann man dann eigentlich nicht...

Das hat sehr, sehr reale Konsequenzen. Denn was bedeutet es zum Beispiel für den Kapitalismus? Man hätte gar keine Veranlassung, ihn jemals abzuschaffen – denn in manchen Menschen ist die Gier einfach ‚drin', vielleicht sogar in allen. Und sind wir nicht alle sofort hellwach, wenn es irgendwo ein ‚Sonderangebot' gibt – und würden wir nicht alle den Reichtum wählen, wenn wir die Chance bekämen? Vielleicht sogar dann, wenn wir wüssten, dass es anderen dann schlechter ginge...? *Wie* bestechlich und korrumpierbar sind wir...? Wo sind die Grenzen...

Aber das besagt überhaupt nichts über das, was ‚in uns drin' ist – denn schon sobald diese Situationen sich ereignen, sind jene Wesen zur Stelle, die ich wie gesagt ‚Dämonen' nennen möchte ... und wir *sind* bereits überhaupt nicht mehr allein. Nicht die ‚Gier' ist einfach so in uns drin, sondern die Dämonen sind es dann bereits ... sie sind es, die uns die ‚gierige' Wahl nahelegen und die andere(n) Alternative(n) möglichst weit weg rücken wollen ... denn sie sind es, die uns jederzeit schlechter machen wollen, als es eine andere Stimme uns sagt... Die wir dann ‚Gewissen' nennen... Aber vielleicht leben in ihm dann die leisen Stimmen der *Engel*...

Fest steht jedenfalls, dass die Frage sehr, sehr kompliziert ist. Denn die Stimme des Gewissens ist immer sehr, sehr *rein*. Wenn alles einfach nur im Menschen ‚drin' wäre, wie könnte dann diese *eine* Stimme so rein, so klar, so heilig sein...? Und die andere so schmutzig, so hässlich, so offensichtlich falsch, dass wir uns selbst zu hassen beginnen, wenn wir ihr folgen und unseren Selbsthass nicht ganz bewusst beiseite drängen würden – wie es der Egoist, der Geizige, der Tierquäler, der Mörder tun?

Für mich sind also die Dämonen eine zweifellose Realität – der Mensch ist nicht allein. Und was er tut und in die Welt setzt, entspricht nicht seinem wahren Wesen, sondern Verführungen, denen er nur allzu willig folgt, weil es für ihn dann irgendwo sehr *angenehm* ist und wird...

Die anderen Wesen dagegen – sozusagen die guten Engel und das Christuswesen selbst – sie bringen den Menschen nie zu irgendwelchen Taten, die einfach nur für *ihn* angenehm und bequem und lustvoll oder was auch immer sind ... sondern zu Gedanken, Empfindungen und Willensimpulsen der *Liebe*...

Aber gerade *diese* Regungen der Seele sind nie von selbst da, höchstens zart und jederzeit zu übertönen – und das liegt daran, dass diese guten Wesen, die selbst Wesen der Liebe sind, die Seele *frei* lassen wollen. Sie wollen, dass sich die Seele selbst für das Gute entscheidet – und etwas anderes wäre auch gar nicht möglich. Denn was wäre noch ‚gut' daran, wenn wir das Gute tun *müssten*, wie ein seelischer Automat? Es darf nicht einmal so zwingend aufsteigen wie die Gier, wie der Egoismus, wie die Kälte der Mitleidlosigkeit – es muss viel, viel *zarter* sein als dies... Und das ist es auch. Das gerade ist das Kennzeichen des Guten... Dass es unendlich zart ist... Dass es das *Eigene* der Seele sein will, keine bloße Einflüsterung von welchen Engeln auch immer.

Und schon das Gewissen spürt man als das Ureigenste. Während eine in einem aufsteigende Gier zwar auch als etwas ‚Eigenes' gespürt wird, weil sie ja dem ‚Ego' dient und dieses ‚bereichert' – aber sobald das Gewissen seine Stimme erhebt, *schämt* sich die Seele der Gier ... und beginnt, sie als etwas Fremdes zu erleben... Und sie erkennt: Das bin nicht ich... Das sind andere Mächte... Und vielleicht ist auch das Gewissen nicht *nur* sie ... und doch spürt sie diese Stimme so sehr als ihr Allerinnerstes, ihre wahre Heimat ... das, was sie sein möchte und in tiefster Hinsicht auch ist...

ENGEL

Jetzt soll auch von den anderen Wesen noch weiter die Rede sein, die man ‚Engel' nennen kann. Wenn es der Seele um das Gute geht, müsste sie ja irgendwie eine Verbindung zu diesen guten Wesen suchen...

Aber das kann nur aus einem inneren Bedürfnis der Seele selbst hervorgehen. Wenn Du bisher keinerlei Vorstellung von Engeln hattest, wo soll das Bedürfnis nach einer tieferen Verbindung zu ihnen auch herkommen? Es kann ja gar nicht ‚plötzlich' da sein. Nicht einmal die Vorstellung selbst musst Du akzeptieren. Es kann sich in Dir auch mit Recht etwas dagegen wehren – selbst wenn es nicht die Dämonen sind. Denn die können sich natürlich auch wehren! Es kann ihnen ja nichts Schlimmeres passieren, als dass eine Seele beginnt, sie zu erkennen – und sich gleichzeitig auf die andere Seite zu stellen...

Aber wie gesagt ... Du kannst Dich auch ohne Dämonen von dieser Vorstellung erst einmal wie überfallen fühlen und Dich dagegen wehren, jetzt auf einmal irgend so etwas glauben zu ‚sollen'. Vielleicht sind es sogar die Engel selbst, die Dir helfen, Dich gegen solche ‚Überfälle' zu wehren, weil sie in Dir den *Freiheitsimpuls* stärken. Das wahre Ich, das nur aufnehmen kann, was es selbst in aufrichtigster Hingabe als *wahr* empfunden und erkannt hat...

Und die Frage beginnt ja schon damit, wie man sich Engel nun vorstellen sollte – oder ob man das überhaupt kann. Oder ob man zu Vorstellungen greift, die irgendwo existieren – und die man im nächsten Schritt dann ablehnt, weil man sie einfach nicht teilen kann. Entweder noch nicht oder dauerhaft nicht. Denn mit jeder neuen Vorstellung muss man ja erst einmal leben lernen, *vieles* Ungewohnte ist für die Seele erst einmal schwierig und wie ein Fremdkörper. Und erst nach und nach erweist sich dann, ob es etwas Eigenes werden kann oder nicht.

Wie also soll man sich einen Engel vorstellen? Aber die Antwort lautet vielleicht: Wie Du es kannst. So, dass es Dir *möglich* ist, dieses Wesen zu denken. Vielleicht muss man schon den Artikel weglassen – denn es heißt ja ‚der' Engel. Vielleicht ist schon das irreführend, genauso wie jahrhundertelange Darstellungsweisen von Engeln, die ja meistens von männlichen Malern kamen. Ich weiß nicht, wer schon einmal gewagt hätte, einen weiblichen Engel zu malen. Engel haben wahrscheinlich überhaupt kein Geschlecht, aber allein schon zum Ausgleich für die ganze Vergangenheit der Malerei müsste man sie sich wahrscheinlich einige Jahrhunderte lang weiblich vorstellen...

Du darfst also *alles*. Es geht darum, sich Wesen vorzustellen, die die Seelen begleiten und ihnen die Kraft geben, *gute* Gedanken, Empfindungen und Willensimpulse zu haben. Aber was bedeutet das dann? Es bedeutet, dass gerade die *stillen* Mädchen ... von vornherein die ganz besondere Begleitung von Engeln haben... Vielleicht lehnst Du die Vorstellung also gerade deshalb ab – weil sie wie etwas *Neues*, sich Aufdrängendes erschien ... während in Wirklichkeit die Engel schon immer da waren...

Wie auch immer, die Wahrheit kann sich nur mit der *Zeit* erweisen, sie braucht Zeit ... und auch das wissen *stille* Mädchen am allerbesten, denn sie brauchen *auch* immer Zeit für alles...

*

Das ist überhaupt das Geheimnis der *Stille*... Dass sie so innig mit der Zeit zu tun hat.

Stille Mädchen *empfinden* viel, ohne dass sie ihre Empfindungen immer in Worte fassen könnten – es vielleicht sogar *meistens* nicht könnten, vielleicht aber doch. Aber jede Empfindung braucht Zeit – und eben Stille... Deswegen wird in einer schnelllebigen, hektischen und lauten Zeit wie heute sehr, sehr wenig empfunden, oder die Empfindungen bleiben oberflächlich, selbstbezogen, selbst laut und hektisch, eben ganz anders als all die Empfindungen eines stillen Mädchens.

Und deswegen ist es eben auch so still, weil es *seine* Empfindungen ja mit gar niemandem teilen kann! Die anderen wissen erstens gar nicht, wovon man sprechen würde oder wollen würde ... zweitens haben sie keine Zeit, und selbst wenn sie so tun, als *hätten* sie Zeit, haben sie immer noch keine, denn ihre eigene Seele kommt überhaupt nie zur Ruhe, sie sind nie so *still* wie man selbst.

Das also ist das Geheimnis der Zeit... Stille braucht Zeit, und wo keine Zeit ist, ist auch keine Stille. Stille Mädchen aber *haben* Zeit, sie tragen sie sozusagen in der eigenen Seele, sie ist immer da, auf geheimnisvolle Weise ist sie immer da... Stille Mädchen haben *Zeit* – und alle anderen nicht.

Manche Menschen, die das heilige Geheimnis der Zeit kennen, *nehmen* sich Zeit ... und so kommen sie dem Geheimnis der Stille zumindest näher oder nahe. Erfahren es manchmal, als wunderbare Momente, etwa beim Betrachten der Blume oder wenn sie einem anderen Menschen zuhören. Dann erfahren sie das Geheimnis der Stille. Aber stille Mädchen tragen es gleichsam *immer* mit sich – ununterbrochen. Es ist in ihnen. Wie auch die immerwährende Frage an die umgebende Welt: Warum bist du so *schnell*, so hektisch, so atemlos...

*

All dies gehört noch immer zum Kapitel der Engel... Denn auch die Engel hüten das Geheimnis der Zeit. Während die Dämonen es fürchten. Sie sind es, die die Hektik verbreiten wollen, der Seele die Zeit stehlen ... vielleicht kennst Du das wunderbare Buch ‚Momo' von Michael Ende. Wo wahrhaft innere *Zeit* ist ... da haben die Dämonen es schwer, denn die Seele ist dann immer in der Nähe des Wahren ... und hat auch Zeit, es tief und aufrichtig zu empfinden. Wo immer die Dämonen diese Tiefe und Aufrichtigkeit beseitigen wollen, da säen sie zuerst innere Hektik... Dämonen sind Zeit-räuber, Engel sind Zeit-*Schenkende*...

Und das ist so, weil Engel die Seele zugleich in ein Reich des Zeitlosen heben – während die Dämonen die Seele fortwährend in die äußere Zeit hineinstürzen wollen. Engel führen die Seele in das heilige Reich des *Wesentlichen* ... wo gute, tiefe und wahre Gedanken gar nicht äußere Zeit brauchen, um gefunden zu werden, sondern nur innere Zeit. Die Dämonen aber stürzen in das rein Äußere, und da ist dann innere Zeit gar nicht mehr da, egal wie viele Stunden äußerlich vergehen mögen.

Engel sind die liebenden Wesen der inneren Zeit und der heiligen Zeitlosigkeit (Dauer, Ewigkeit), Dämonen sind die verführenden Wesen der rein äußerlichen Zeit und der Hektik.

HINGABE

Stille Mädchen kennen lauter Geheimnisse, ohne es zu wissen. Sie besitzen lauter Kostbarkeiten, ohne es oft auch nur zu ahnen. Die vielleicht größte ist ihre ungeheure Fähigkeit der Hingabe.

Was ist Hingabe? Sie ist das Gegenteil von Selbstbezug. Und damit muss gar nicht direkter Egoismus gemeint sein – in der heutigen Zeit lebt fast jede Seele im ‚Modus' des Selbstbezugs. Es ist eine Bewusstseinsfrage und hat zu tun mit dem modernen Intellekt. Nahezu jeder Mensch lebt heute viel, viel stärker als in vergangenen Jahrhunderten oder sogar noch Jahrzehnten im *Kopf* und zwar sehr getrennt vom Übrigen.

Er hat dann Gedanken – und Gefühle sind dann auch irgendwo, kommen durchaus auch irgendwie hinzu, aber das Zentrale ist dieses Kopfdenken und Kopfleben. Selbst da, wo es durchaus herzlich wird, ist es weniger Herz als früher und viel mehr Kopf.

Es ist eine bewusstseinsgeschichtliche Entwicklung, die zum Beispiel auch zu der modernen Explosion von Wissenschaft und Technik geführt hat, welche aber zugleich auch ihrerseits dieses Kopfdenken immer weiter vorangetrieben haben, denn in der Wissenschaft schaltet der Wissenschaftler seine Seele bis auf den Kopf ja gerade *aus*. Einerseits werden die Dinge so gesehen sehr ‚objektiv', andererseits auch sehr fatal. ‚Objektiv' kann man eben auch Bomben bauen und alles andere tun, erforschen, registrieren, auswerten ... Gefühle braucht man da nicht nur nicht, sie stören sogar...

Unsere ganze Kultur lebt heute im nüchternen *Intellekt* – das ist dieses gefühlsarme oder gar gefühllose Kopfdenken. Intellektuell werden heute ‚Argumente' ausgetauscht oder man bekämpft sich mit ihnen sogar. Intellektuell werden heute ‚Standards' etabliert, etwa wieviel die Krankenkasse für eine Knieoperation zahlt, wieviel sogenannte ‚Arbeitslose' vom ‚Jobcenter' bekommen; die Lehrpläne, nach denen sogenannte ‚Schüler' unterrichtet werden müssen, und so weiter und so fort. Der Intellekt kann alles wunderbar festlegen und sich großartig fühlen, wenn er alles reguliert, geordnet und auf diese Weise kontrolliert und beherrscht hat.

Mit Empfindungen hat dies nicht das Geringste zu tun. Der Intellekt kann mit seinen ganzen Regulierungen in ein sehr menschenfeindliches Gebiet gelangen – und es noch nicht einmal merken, denn ist es nicht seine *Aufgabe*, alles zu regulieren, zu verwalten, zu kontrollieren, zu berechnen, zu lenken, zu steuern...? Alles, was dann noch *nicht* kontrolliert und berechnet und gesteuert ist, wirkt dann auf einmal gefährlich, unkontrollierbar, wie ein Versäumnis, das man schnellstens nachholen muss – um es *auch* dem Intellekt zu unterwerfen... Der Intellekt fühlt sich nur dann wohl und sicher, wenn er alles *sich* und seinem Wesen angepasst hat...

Das aber sind zugleich die Dämonen. Denn der Mensch begreift nicht, dass er immer und immer mehr seine Seele verliert, indem er sich in dieser öden, toten Höhle seines Kopfes verliert, während seine Empfindungen, sein Herz, seine ganze übrige Seele immer mehr verdorren – abgesehen von den ‚Spaß'- und ‚Lust'-Erlebnissen am anderen Ende, da wo der Wille lebt. Man hat dann also immer gefühlsärmere bloße Kopfgedanken – und selbstbezogene Willensimpulse auf der Suche nach ‚Spaß'. Die Mitte der Seele, das eigentliche Fühlen aber geht ganz zugrunde...

*

Sowohl der Intellekt als auch der nach ‚Spaß' und ‚Fun' gierende Wille lieben nur *sich selbst*.

Die Hingabe geht den völlig anderen Weg. Schon das Wort sagt, dass sie sich hingibt, dass sie eintauchen kann in das Andere. Ob es eine Blume ist, ein Buch, ein Thema, für das man sich interessiert, ein anderer Mensch, dem man zuhört...

Hingabe ist die Fähigkeit der Seele, von sich abzusehen, um sich ganz und gar etwas anderem *zuzuwenden*, restlos...

Stille Mädchen können das von Natur aus. Denn sie sind so still, *weil* sie fortwährend von sich absehen – selbst da, wo sie leidvoll darüber nachgrübeln, warum sie so still sind... Es geht darum, dass sie nicht diesen so ‚modernen', verbreiteten Impuls eines ganz einfachen, lockeren, lässigen Selbstbewusstseins haben, sondern in allem viel *zurückhaltender* sind.

Und gerade dies, ihr so zurückhaltendes Wesen, macht es ihnen möglich, sich umgekehrt rückhaltlos, vollständig, etwas anderem zuzuwenden. Die Seelen, die dieses ganze ‚Selbstbewusstsein' haben, kommen andererseits auch nie wirklich von sich los. Das stille Mädchen aber, das *kein* Selbstbewusstsein hat, kommt andererseits mühelos von sich los – und das ist eine ungeheure *Gabe*...

Und dann sagen viele Erwachsene: ‚Ja, aber sie hat eigentlich noch gar kein ‚Selbst', das gerade *ist* ja ihr Problem. Echte Hingabe ist nur möglich, wenn man was geben *kann* – aber sie gibt ja gar nichts, nur ihre ganze Unsicherheit. Was soll das sein...?'

Diese Erwachsenen wissen nicht wirklich, wovon sie sprechen, sie haben immer nur ihren eigenen Maßstab – ein viel zu *übersteigertes* Selbst mit viel zu abstrakten Gedanken. Allein schon, dass sie ohne *Liebe* urteilen, könnte sie darauf aufmerksam machen, wie falsch ihr Urteil ist. Aber der Intellekt urteilt sowieso immer ohne Liebe.

Ja, vielleicht sind stille Mädchen auch unsicher und schüchtern. Aber auch hier urteilt unsere Zeit wiederum ganz falsch, wenn sie dies bloß als Schwäche und Mangel deutet und beurteilt. Denn es könnte auch sein, dass die ganze ‚Sicherheit' und der *Mangel* an Schüchternheit eine Schwäche und ein Mangel ist... Wieso?

Einfach aus dem Grunde, weil *jede* wahre Hingabe auf unsicheres Gebiet führt. Wie könnte es denn anders sein? Jede wahre Begegnung wäre ein tiefes Sich-*Einlassen* auf den anderen Menschen – wie könnte das je möglich sein, wenn man nicht alle Sicherheit hinter sich lässt und zu einer *Hingabe* übergeht? Aber das *kann* die moderne Seele gar nicht mehr – immer weniger. Sie gewinnt ihre ganze Sicherheit gerade dadurch, dass sie etwas anderes immer mehr verliert: die Fähigkeit der Hingabe und echter Begegnung, und sei es nur mit einer *Blume*...

Begegnung ist immer eine Risiko. Man könnte zum Beispiel *verwandelt* werden. Und wo etwas keine Verwandlung ist, war es auch keine Begegnung, denn echte Begegnung verwandelt *immer*. Wer hinterher noch derselbe Mensch ist wie vorher, weiß eigentlich gar nicht, was Begegnung überhaupt ist...

Wer also seine Sicherheiten und Brücken nicht abbrechen kann, der ist auch nicht wirklich fähig zur Begegnung, denn er kennt nicht das Reich der *Unsicherheit*. Aber nur hier ereignet sich Begegnung – hier, wo alle Urteile und Vorurteile völlig zurückgelassen werden; wo eigentlich gar nichts mehr existiert, nur das Andere, das unbekannte Andere... Wo die Seele sich auf eine Blume so einlassen kann, dass sie nicht einmal mehr weiß, ob sie als Seele oder als *Blume* wieder zurückkehrt...

Ich habe es bewusst ein bisschen übertrieben, aber es liegt darin eine tiefe Wahrheit. Denn jede Hingabe ist eine Art heiliges *Einswerden* mit etwas... Im Eintauchen in ein wunderbares Buch wird man eins mit dem Buch – im Eintauchen in die Schönheit einer Blume wird man für kurze Zeit eins mit ihr... Das ist das Geheimnis der Hingabe... Deswegen kennen sie so wenige Menschen, denn fast kein Mensch will *sich* jemals verlieren. Aber das muss man... In der Hingabe muss man es. Und erst dann spürt man, dass man sein wahres Wesen niemals verliert, immer nur sein falsches.

*

Hingabe ist also heilige *Zuwendung*. Heilig deshalb, weil es so bedingungslos, so tief, so restlos ist. Kein zurückbehaltenes ‚Selbstbewusstsein auf Reserve' – sondern wirkliches Eintauchen. Man gibt sich hin, buchstäblich.

Stille Mädchen tun das eigentlich fortwährend, denn sie leben keinen Moment lang in einem echten ‚Selbstbezugs-Zentrum', sondern immer in einem zarten Reich etwas *außerhalb* von dem Punkt, wo dieses liegen würde.

Stille Mädchen sind es *gewohnt*, keine Aufmerksamkeit zu bekommen – und sie *brauchen* sie auch nicht. Oft ist sie ihnen sogar unangenehm, weil sie schüchtern sind und nicht im Mittelpunkt stehen *möchten*. All dies verhindert es, dass der Selbstbezug versteckt vor sich hinwuchern kann – wie er es bei fast allen anderen Menschen tut, sodass man den dann sich ergebenden Zustand als ‚normal' bezeichnet.

Die Erwachsenen sagen dann oft, so ein stilles Mädchen habe noch überhaupt kein ‚Selbst' entwickelt – und etwas daran mag auch wahr sein, denn indem Du älter wirst und dem erwachsenen Alter entgegengehst, wirst auch Du innerlich noch etwas entwickeln, was jetzt so noch gar nicht da sein kann. Dennoch ist jene Aussage falsch, denn diese Erwachsenen wissen gar nicht, was sie *verloren* haben – oder nie hatten. Denn ein stilles Mädchen hat ein viel *zarteres* Selbst als alle übrigen, aber es ist zweifellos ein Selbst – und zwar eines, das viel inniger mit den Engeln verbunden ist als jedes andere...

Das zarte Selbst eines stillen Mädchens ist sehr selbstlos – deswegen kann es sich immer wieder und überall hingeben ... ihm fehlt nicht das Selbst, sondern der Selbst*bezug*. Den aber geben oft eher die Dämonen, gegen die gerade das stille Mädchen so sehr geschützt ist...

Das gewöhnliche Selbst kann man sehr schnell entwickeln – und es kommt auch von selbst, indem man älter wird, erfahrener, aber auch intellektueller, erwachsener, was keineswegs immer ein ‚Gütesiegel' ist. Was man aber sehr schwer jemals wiederfinden kann, wenn man es einmal verloren hat, ist das, was Du jetzt besitzt. Es ist eine heilige Kostbarkeit.

Die schüchterne Hingabe eines stillen Mädchens kann sich allem zart verbunden fühlen, nicht nur in der Natur, sondern auch in der Sehnsucht nach Frieden, nach dem Guten in jeder Hinsicht. Gerade weil es nicht im *Selbstbezug* lebt, kann seine Seele diese Empfindungen eigentlich immer haben, auch wenn sie nicht immer bewusst sind. Es ist eigentlich eine fortwährende zarte Hinwendung zur Außenwelt ... selbstlos und voller gutem Willen...

INSTAGRAM & CO.

Vielleicht hast Du Dich in dem letzten Kapitel nur teilweise wiedergefunden – oder auch gar nicht? Dann wärst Du eher ein Mädchen, das das Reich der Stille wahrscheinlich eher verlassen will, die Schüchternheit ablegen – und ‚dazugehören', zu den übrigen, die weder still noch schüchtern sind.

Mädchen, die sich wunderbar auskennen auf Instagram, bei TikTok, mit Snapchat, WhatsApp und so weiter und so fort. Und vielleicht tust Du das auch und bewegst Dich in diesen Welten. Das ist in gewissem Maße sicherlich auch fast unvermeidlich, wenn man auch nur irgendwie dazugehören will oder überhaupt nur in die heutige Zeit hineingeboren wurde.

Aber vielleicht *willst* Du in diesen Welten auch gar nicht dazugehören. Entscheidend ist jedenfalls, welche Bedeutung Du ihnen beimisst. Ich kenne jedenfalls nahezu *kein* Mädchen, das sich einerseits mit Interesse in diesen Welten herumgetrieben hat und andererseits eine aufrichtige Liebe zur Natur hatte. Meistens kennen Mädchen zwar diverse Songtitel oder sogar Texte – aber nicht eine einzige Baumart, außer vielleicht noch Kastanie oder Birke.

Dies zeigt leider erschreckend deutlich, wohin die Seele der Menschen heute steuert: Sie verliert allen Zusammenhang mit der Welt und verliert sich in virtuelle Welten bloßer Songs, Filmchen, Fotos ... Chats und Emoticons. Aber wo bleiben die Kolibris? Während die Mammutbäume und die anderen Wunder des Regenwaldes den mitleidlosen Kettensägen oder Bränden zum Opfer fallen, verlieren auch sie ihren Lebensraum, zusammen mit unzähligen Tier- und Pflanzenarten, die oft noch nicht einmal entdeckt sind! Und was ist mit den Eisbären?

Viele Jugendliche, vielleicht auch hier mehr Mädchen als Jungen, setzen sich für das Klima ein. Aber das kann man auch aus dem Kopf heraus – oder mit einem dunklen, allgemein irgendwie betroffenen Empfinden. Aber in wessen Herz *leben ganz konkret* noch die Eisbären? Die Kolibris? Die Schmetterlinge? In wessen Herz und Seele *leben* sie? Wer empfindet noch so tief, so konkret, so bedingungslos, so treu gegenüber der Erde...?

Wem kommen noch die Tränen, wenn er sich das Aussterben einer einzigen Tierart, und sei es auch nur eine einzige Schmetterlingsart ... auch nur *vorstellt*...?

Vielleicht geht es nicht einmal Dir so. Vielleicht aber doch. Jedenfalls ist diese *Tiefe* von Empfindungen für stille Mädchen nicht weit weg, liegt für ihre Seele sehr nahe. Während alle anderen sie aufgeben und verraten. Und sich meist nicht einmal Gedanken darüber machen – denn wie sollte man etwas vermissen, zu dem man gar keine *Beziehung* hat? Eine Beziehung hat man zu dem neusten Song von XY – aber zu einem *Kolibri*?

Das ist die Liebe ... stilles Mädchen! Die Liebe braucht Zeit. Die Liebe muss sich mit dem, was sie liebt, *vertraut* machen. Das Herz wird immer dort leben, wo es sich hinwendet. Wenn man sich Tag für Tag auf Instagram und auf YouTube ‚herumtreibt', wird das eigene Herz dort schlagen. Dann kann man immer noch auf ‚Klima-Demos' gehen – aber mehr als ein abstraktes, nebelhaftes Gefühl wird einen mit dem Regenwald oder den aussterbenden Arten nicht verbinden. Denn *schon jetzt* empfindet man für den Kolibri nichts wirklich.

Ganz anders ein stilles Mädchen! Sie kann sich entscheiden. Sie spürt viel stärker diese Möglichkeit der Wahl... Sie ist nicht so total eingebunden in die Cliquen der Altersgenossinnen, die oft fast pausenlos damit umgehen, immer am Handy, immer am Bildschirm, immer am ‚Teilen', Zeigen, Konsumieren, niemals ‚offline'... Sie aber kann spüren, wie das ist... Wie man allen Zusammenhang mit dem verliert, dem man sich *niemals zuwendet...*

Die Liebe der meisten jungen Menschen zur Umwelt ist meist mehr oder weniger vor allem ‚Lippenbekenntnis'. Wie bei Politikern. Man sagt das eine, aber tut das andere. Es ist nicht ehrlich, es ist nicht ernst. Wie es auch nicht ernst ist, auf Klima-Demos zu gehen, aber im Sommer Jahr für Jahr herumzufliegen, und sei es nur nach Spanien oder Griechenland.

Aber jetzt sind wir bei den virtuellen Welten. Noch vor einer Generation waren Internet und Handy ganz neu – heute kommt gerade die Jugend ohne beides überhaupt nicht mehr aus. Stunden über Stunden werden hier investiert und konsumiert – wohlgemerkt: pro Tag! Im Grunde ist nichts mehr auch nur annähernd so intensiv wie der Bildschirmkonsum. Nicht einmal irgendein Sport oder so etwas. Keine Bücher mehr. Keine echten Gespräche mehr. Keine echten Begegnungen mehr. Gar nichts. Erst recht nicht eine auch nur hauchzart wachsende Beziehung zur Natur, zur gefährdeten Erde. Es sei denn, es spiegelt sich mal in dem Beitrag eines ‚Influencers' auf YouTube...!

Im Grunde kann ein stilles Mädchen dies alles nur wahrnehmen und darunter ebenfalls leiden, hilflos, denn was soll es tun? Es ist ja ohnehin schon Außenseiterin... Aber dies kann auch gleichzeitig eine zarte Kraft bedeuten: zu wissen, was *falsch* ist und wie man nie werden möchte... Zu spüren, wie diese virtuellen Welten wie eine *Droge* sind, von der man mehr und mehr abhängig wird. Zu spüren, wie einen lauter ‚Junkies' umgeben, Internet-Junkies...

Und vielleicht gehören sogar die Erwachsenen dazu, die eigenen Eltern. Stille Mädchen haben einfach in jeder Hinsicht tiefere, aufrichtigere Empfindungen. Sie sind eben meistens nicht bloß deshalb still, weil sie schüchterner sind, sondern weil sie *empfindsamer* sind. Sie empfinden auch den Wahnsinn, das Falsche – ebenso sehr wie sie das Schöne, das Gute...

Und falls Du doch auch sehr in diese virtuelle Welt eingebunden bist: Besinne Dich, was Du *wirklich* willst... Setze Dir selbst Grenzen und bleibe ihnen treu... Man kann Instagram auch für berührende Naturfotos benutzen... Oder WhatsApp für tief aufrichtige Nachrichten. Es geht darum, seiner eigenen *Seele* die Treue zu halten ... und sich nicht hineinziehen zu lassen in einen immer belangloseren Sog von Apps, Angeboten, Möglichkeiten und Nachrichten, die die Seele Schritt für Schritt in das immer *Unwesentlichere* hineinführen, während auch sie die Kolibris und ihr eigenes Herz immer mehr vergisst...

Märchen

Möglicherweise blickst Du mich in Gedanken erstaunt an, wenn ich sage, ein stilles Mädchen sollte sich einmal in die Märchen vertiefen...

Aber es ist wahr. Märchen sind eine ganze Welt, unglaublich tiefgründig. Und wenn auch die Seele eines stillen Mädchens sehr tiefgründig ist, so kann sie sich hier vielleicht auf überraschende Weise wiederfinden.

Zunächst einmal: Märchen handeln von Gut und Böse. Auch wir tun das gerade die ganze Zeit. Die ganze Welt besteht aus dieser Frage – nur dass sich keiner mehr Gedanken darüber zu machen scheint. Aber es könnte direkt und unmittelbar aus einem Märchen stammen: ‚Eines Tages vergaßen alle Menschen das Mitleid mit den Kolibris. Sie glaubten noch, es zu haben, aber es war schon verschwunden. Geheimnisvoll aufgesaugt von den Apparaten, die sie immer wieder in die Hand nahmen...'

Im Grunde müssen wir lernen, die Wirklichkeit wieder so ernst aufzufassen wie ein Märchen – denn gerade in Märchen geht es um ganz und gar Existenzielles, um Leben und Tod, um Bann und Verzauberung! Nur die Tatsache, dass man sie heute nur noch Kindern vorliest, führt dazu, dass sie nicht mehr ernst genommen werden. Ursprünglich aber waren Märchen gar nicht für Kinder gedacht! Dies beweist, dass es um sehr ernste Dinge geht – die Märchen sind nichts Geringeres als *Bilder* für das Schicksal der Seele selbst...

Wenn wir aber die Dämonen und Engel ernst nehmen, dann ist der Ernst sofort da – und dann können wir auch begreifen, dass wir ganz real in einem solchen dramatischen Märchen leben! Denn die Seele der Menschen wird von den virtuellen Welten *tatsächlich* aufgesaugt... Man muss es nur beobachten – und *sieht* es dann... Es *gibt* keine Seele, die sich für Instagram *und* für Kolibris interessieren kann ... vielleicht ganz, ganz Wenige, Einzelne...

Märchen, in denen eine Seele verzaubert wird, haben also eine unmittelbare Bedeutung: Sie bedeuten eine Verwandlung, in der der Mensch sein Wesen verliert, nicht mehr wahrhaft menschlich ist, sondern einer fremden Macht verfallen, die seine wahrhaft menschlichen Regungen untergehen lässt: echtes, tiefes Mitleid, wahres, aufrichtiges Empfinden überhaupt... Stattdessen wird er ein ‚Tier', das geradezu instinkthaft abhängig geworden ist vom Bildschirm...

In dem Märchen ‚Die Schneekönigin' gibt es jenen Eissplitter, der in das Auge und das Herz des Jungen Kay gerät – und fortan kann er keine echte Wärme und Liebe mehr empfinden. Alles ist abgelähmt und auf das Unwesentliche gerichtet. Bis ihn in großer Treue seine einstige innige Freundin Gerda erlösen kann.

Und es ist kein Zufall, dass der Splitter den Jungen getroffen hat, während das *Mädchen* ihn retten kann! Denn das Mädchen hat viel reinere Seelenkräfte. Es sind Jungen, die mit oder ohne Bildschirm Kampf- und Kriegsspiele ‚spielen', die auch sonst rangeln, die ‚cool' sein wollen, in jedem Fall aber ‚kein Mädchen' – und so weiter. Jungen unterdrücken ihre Gefühle sowieso mehr als Mädchen – und die ganzen Bildschirme verstärken diese Tendenz weiter.

Aber natürlich sind inzwischen auch die Mädchen ganz in diese Entwicklung hineingezogen worden. Der Splitter hat inzwischen auch die Mädchen getroffen... Am meisten geschützt sind noch die *stillen* Mädchen.

Auch in anderen Märchen sind es oft gerade *Mädchen*, die ihre Brüder erlösen müssen. Dornröschen und Schneewittchen sind wieder etwas ganz anderes, sie werden nicht in eine Tiergestalt verwandelt, sondern ihre *Unschuld* wird von bösen Mächten angegriffen. Und sie ist dann nicht verloren, sie schläft nur... Die Verwandlung bei den Jungen ist regelmäßig viel tiefgreifender. Und in diesen anderen Märchen ist das Mädchen regelmäßig die Retterin. Durch ihre eigene Unschuld.

In dem Märchen ‚Die wilden Schwäne' erlöst das Mädchen Elisa ihre Brüder, indem sie für jeden von ihnen ein Hemd aus selbst mit bloßen Händen bereiteten Brennnesselfasern webt. In all diesen Märchen geht es um die reinen Kräfte der Seele, die regelrecht bereit sind, sich zu opfern, jede Mühe auf sich zu nehmen, um das Gute zu tun. Es sind Texte tiefer, leuchtender Selbstlosigkeit... Lies solche Märchen einmal! Auch zum Beispiel ‚Frau Holle' oder ‚Die Sterntaler'.

*

Es geht nicht darum, sofort so selbstlos zu werden wie das Sterntaler-Mädchen oder die Goldmarie in ‚Frau Holle'. Aber es geht darum, diese Bilder *lieben* zu lernen ... denn etwas in der Seele *möchte* so werden... Darum geht es. Diese Märchenbilder sind in unserer heutigen Zeit wahre Rettungsbilder der Seele überhaupt. Sich in sie zu vertiefen und das an ihnen erlebbar werdende Gute zu lieben, ist wie ein heiliger Weg der Seele.

Wenn sie das Gute aber *nicht* so lebendig lieben lernt, ist sie bereits auf dem Weg der Pechmarie ... und diesen Weg gehen heute unzählige Seelen. Sie alle sagen heute: ‚Warum ich? Hol dich *selbst* aus dem Ofen, blödes Brot – oder finde einen anderen Dummen!'

Die Kräfte der Selbstlosigkeit und der Hingabe sind heute radikal am Abnehmen. Nur in den *treuen* Seelen leben sie heute noch ungeteilt ... Seelen, die dem Guten wirklich treu bleiben. Die sich nicht von den Dämonen verführen lassen zu einem schleichend immer größeren Selbstbezug. Dieser und die mit ihm einhergehende Bequemlichkeit beginnt ja schon sehr, sehr früh. ‚Was, ich soll abwaschen? Jetzt schau ich erstmal diese Videos hier zu Ende...' Wäre Elisa so bequem gewesen, sie wäre bereits zu Beginn des Märchens selbst verzaubert worden, ohne dass ihr jemals wieder jemand hätte helfen können...

Man denkt, die Bequemlichkeit sei nicht so schlimm, denn man wäscht ja am Ende irgendwann doch noch ab... Aber wie unangenehm und hässlich es ist, wenn die Eltern einen sogar an die kleinsten Pflichten immer und immer wieder erinnern müssen, wird einem erst klar, wenn man vielleicht eigene Kinder hat...

Wer heute bequem ist, wird morgen noch bequemer... Wer erst das ‚Vergnügen' will und am Ende irgendwann notgedrungen auch die Arbeit, der hat seine Seele längst verraten ... und muss sie erst einmal *selbst* wieder erlösen. Und was will er denn überhaupt den Politikern entgegnen, wenn sie sagen: ‚Was? Klima retten? Ja, ja ... mach ich irgendwann nachher noch...'

Nur die *stillen* Mädchen können spüren, wie ernst die Dinge wirklich liegen. Und können lernen, wirklich aus dem Herzen zu handeln, wie Elisa... Oder vielleicht können sie es schon, dann gehören sie wirklich zu den ganz, ganz Wenigen...

*

In den Märchen haben all diese Mädchen noch eine tiefe Verbindung zu den Engeln. Von Elisa heißt es, ihre Seele sei frommer gewesen als das Gesangbuch, in dem all die frommen Lieder stehen. Von dem Sterntaler-Mädchen heißt es, ihm waren Vater und Mutter gestorben, es war arm und hatte nichts als seine Kleider und ein Stück Brot, es war ‚aber gut und fromm'.

Diese tiefe Hingabe der Seele an eine höhere Welt guter Wesen war schon damals nicht mehr normal, heute ist sie absolut ‚unnormal' geworden, im Prinzip gar nicht mehr *vorhanden*.

Aber die Menschen werden sich fragen müssen, wie sie denn *ohne* dies, rein aus sich heraus, eine Verbindung zu dem real Guten aufrechterhalten wollen – das doch gerade so eng mit den Engeln zu tun hat! Die fortwährende Verführung der Dämonen in Richtung Bequemlichkeit, Faulheit, Selbstbezug, bloßem Spaß und Genuss ist mächtiger, als man sich ausmalen kann. Und selbst *wenn* man die Kraft zum Guten in der eigenen, noch sehr reinen Seele findet, so wird sie unendlich gestärkt, sobald man ganz *bewusst* eine Verbindung zu den Engeln hütet – etwa als zarten, aber unerschütterlichen *Glauben* an ihre fortwährende Gegenwart.

Wenn man sich dann noch sagt, dass alle guten Kräfte fortwährend von den Engeln selbst *gestärkt* werden, dann wird diese Verbindung immer unerschütterlicher und man kann sie ganz real zu *spüren* beginnen... Ganz ebenso, wie man auch das Wirken der Dämonen wahrnimmt. Man durchschaut sie einfach und stellt sich immer entschiedener auf die Seite des Guten...

Man darf nur nicht nachlassen, auch eine Vorstellung von dieser göttlichen Welt zu gewinnen, die man mit ganzer Seele bejahen kann. Das muss mit keinerlei Kirche zu tun haben und kann dann um so *aufrichtiger* sein. Eine tief persönliche und um so innigere Beziehung...

Ich habe dieser religiösen Frage in mehreren Romanen eine jeweils ganz verschiedene Gestalt gegeben, vielleicht können sie auch Dir etwas geben, was Dir kostbar ist. Sie heißen ‚Ein Urlaub für's Leben', ‚Ich will Ihn suchen...', ‚Um Gottes willen' und ‚Hingabe'. Du kannst sie im Internet finden, jeweils auch mit kleinen Leseproben. Immer ist die Hauptperson ein Mädchen...

BRAVE MÄDCHEN...

An dieser Stelle muss ich natürlich auf einen bekannten Spruch eingehen, den Du vielleicht auch längst gehört hast. Er lautet: ‚Brave Mädchen kommen in den Himmel – freche (oder böse) Mädchen überall hin.'

Das soll heißen: Wer gut und fromm ist, kommt vielleicht in irgendeinen Himmel, aber auf Erden kann er sich nichts ‚holen', während selbstbewusste Mädchen sich *nehmen*, was sie wollen, und schon gar nicht brav und gehorsam sind.

Ein *stilles* Mädchen kann ein solcher Spruch nur entsetzen – oder aber es sehnt sich heimlich selbst danach, nicht mehr so ‚brav' und schüchtern zu sein, sondern auch mal frech und maximal selbstbewusst zu sein.

Selbstverständlich gibt es etwas in der Seele eines stillen Mädchens, das genau dies irgendwo still bewundert und auch eine Sehnsucht danach hat ... nach dieser Art von Freiheit, von Mut, von völliger Ungebundenheit, der *niemand* etwas sagen kann. Ein bisschen etwas von Pippi Langstrumpf, Ronja Räubertochter oder auch der coolen Punkerin von nebenan, vielleicht von allem etwas.

Das ist wahr. Und es gibt eine Freiheit, die auch Du Dir innerlich und äußerlich erobern kannst; eine Selbstsicherheit, die immer weniger Kontaktangst oder Lampenfieber hat und dennoch *sanft* bleibt, im besten Sinne auch immer noch schüchtern – aber zugleich anmutig wie eine Katze... Es sei denn, Du willst eine Löwin werden! Dann hast Du natürlich einiges vor Dir. Aber davon handelt dieses Buch nicht.

Aber stille Mädchen können sehr wohl Löwinnen des Guten werden... Allein schon den Mut von Elisa muss man erst einmal haben, und so ist es auch mit vielen anderen Dingen. Und stille Mädchen können definitiv frei und mutig werden. Worum es mir hier aber geht, ist noch etwas anderes, und das ist wichtig.

Was Du hast, das hat Pippi Langstrumpf nicht – und auch nicht die Punkerin von nebenan. So schüchtern und gehemmt stille Mädchen sich selbst zunächst oft empfinden, so sehr behüten sie in ihrer Seele einen Schatz, den niemand sonst in dieser Tiefe hat. Pippi geht ihren spontanen Ideen nach, die ihr Spaß machen – aber sie kennt nicht die Hingabe an die Dinge... Die Punkerin kennt vielleicht die Solidarität mit dem Planeten und dem Klima – aber Du kennst die Liebe zu dem kleinen Kolibri...

Und Du kennst diese Empfindungen so *zart*, so sanft, wie Du selbst schüchtern bist. Verstehst Du jetzt den Zusammenhang?

Je selbstbewusster jemand ist, desto ‚lockerer' und ‚lässiger' ist auch seine Liebe. Gerade deshalb sind auch viele Frauen von der Liebe vieler Männer unbefriedigt, weil diese ihnen gar nicht *tief* genug geht. Je selbstbewusster eine Seele durchs Leben geht, desto oberflächlicher ist meist ihre Hingabekraft. Dann kann man irgendwo auch den Kolibri noch zu lieben meinen, aber *wirklich* ist man dazu gar nicht in der Lage. Wie denn auch?

Echte Liebe und Begegnung basiert auf *Unsicherheit*. Man muss sich wirklich verletzlich machen können – oder es einfach sein. Zu viele, die es nicht sind, können sich auch nicht verletzlich *machen*, denn das ist viel schwerer.

*

Und nun kehre ich zu jenem Spruch zurück. Dieser Spruch kritisiert natürlich eine Zeit, die noch gar nicht so lange zurückliegt und in der gerade Mädchen ‚gehorchen' sollten. Brav sein, sich nicht das Kleid schmutzig machen, während der Junge toben durfte. Diese Zeit ist mehr oder weniger vorbei. Aber noch immer ist es für Jungen selbstverständlicher, *alles* zu dürfen, während Mädchen sich dies erst einmal trauen oder erobern müssen. Rauchen, Alkohol trinken, frech sein, was auch immer.

Es ist also richtig: Freche Mädchen können alles – sogar das, was ‚brave' Mädchen sich niemals trauen würden. Die Frage ist nur: hat das *Sinn*? Ergibt das noch irgendwelchen Sinn – alles tun zu können, sich alles nehmen zu können, alles machen zu können? Aufgeschlitzte Hosen tragen, Nasen- und Lippen-Piercings, mal was klauen, jemandem, der einem ‚blöd kommt', einen Tritt verpassen... Und was noch alles?

Diese Vorstellung, alles tun zu können, mag verlockend sein – aber Du kannst *auch* alles tun, stilles Mädchen! Versuch mal, den Mut zu fassen – und dann tu es einfach! Überleg mal, was Dir schlimmstenfalls passieren kann ... und tu es *trotzdem*.

Aber sei Dir auch bewusst, was Du dadurch vielleicht *verlierst*. Vielleicht eine reine Seele, die *nicht* widerspricht? Eine Seele, die keinen Konflikt scheut, ist auch etwas wert. Das ist dann zum Beispiel die Punkerin von nebenan. Sie sagt, was sie denkt, und sagt jedem ihre Meinung, hat keinerlei Angst davor. Aber man darf niemals denken, eine Seele, die Konflikte scheut und schüchtern ist, habe *keinen* Wert! Der Wert einer solchen Seele ist vielmehr überhaupt nicht zu messen...

Es sind eigentlich diese Seelen, die ganz und gar mit dem *Gold* zu tun haben, von dem in den Märchen immer wieder die Rede ist – sowohl bei ‚Frau Holle' als auch beim Sterntaler-Mädchen. Die schüchternen Seelen sind die *eigentlich* friedfertigen – sie sind die wahren Engel auf Erden. Das, was heute so verachtet wird, in einer Zeit, wo solche Sprüche kursieren.

Wirklich – Deine stille Zurückhaltung und vielleicht auch Schüchternheit steht in unmittelbarem Zusammenhang mit der Liebesfähigkeit Deiner Seele! Wenn es dagegen heißt ‚Frech kommt weiter', so muss man sagen: Ja, vor allem im Selbstbezug! Je frecher, desto weniger fähig zu Liebe und Mitempfinden, allenfalls immer selbstbezogener. Wenn Du das willst, dann kannst Du auch frech werden. Wenn aber nicht, dann sei Dir bewusst, was Dir *verlorengeht*, wenn Du ‚selbstbewusster' und frecher wirst...!

Vielleicht wirst Du die Liebe zum Kolibri nicht verlieren, jedenfalls nicht sofort. Was Du aber verlieren wirst, ist die ganze *Art*, in der Du den Kolibri bis jetzt geliebt hast... Zart, verletzlich, tief aufrichtig, von ganzem Herzen, in tiefer Verbundenheit... Und selbst, wenn das nicht alles so sein sollte ... je ‚frecher' Du wirst, desto mehr wird selbst *das* abnehmen, was Du jetzt hast... Überleg es Dir also gut. Überleg Dir gut, was Du *wirklich willst*...

*

So ein Spruch wie ‚Brave Mädchen ... Freche Mädchen...' mag vor dem Hintergrund früherer Erziehungserwartungen an Mädchen einen Sinn haben – aber gleichzeitig drückt er eine tiefe Verachtung gegenüber allen zarten Kräften in der Seele aus, die Du gerade *hast*, weil Du eines dieser seltenen stillen Mädchen bist, während alle anderen das möglichst schnell über Bord werfen, sogar die letzten Reste, die in ihrer Seele vielleicht noch vorhanden sind.

Tu nicht das Gleiche, nur weil Du in einem Teil Deiner Seele jene ‚Freiheit' bewunderst, die Du zu sehen meinst! Schau genau hin – und sieh gerade auch das, was all diese ‚frechen' Mädchen *nicht* mehr haben, ja sogar verachten! Behüte das, was jene verachten, beschütze es, denn einen anderen Schutz hat es nicht mehr... Die Seele der stillen Mädchen ist der vielleicht letzte Rückzugsort für diese kostbarsten Kräfte der menschlichen Seele!

Jene haben eine Freiheit der Frechheit. Du aber hast noch die Freiheit, zart und aufrichtig zu *lieben* ... und bei ihnen ist diese Fähigkeit nahezu restlos verlorengegangen. Sie *können* es nicht mehr...! Entscheide Dich daher sehr weise ... und vor allem: mit dem Herzen...

Wenn Du auf die Freiheit der Punkerin verzichtest, werden sogar die Engel jubeln, denn Du wirst Dir eine andere, unendlich viel kostbarere Freiheit bewahrt haben. Eine heilige Freiheit des *Herzens*. Und jener anderen Freiheit der ‚frechen' Mädchen kannst Du Dich auf *anderen* Wegen annähern, die die leuchtende Unschuld Deiner Seele nicht beeinträchtigen werden. Versuche, immer zu spüren, was

Du wirklich willst ... und was es zum Beispiel für den Kolibri bedeuten würde...

Werde immer aufrichtiger ... dann wird auch Deine Freiheit jeden Tag wachsen. Und eines Tages wirst Du der Punkerin sehr nahe sein, ohne die Piercings und die äußeren Provokationen und inneren leisen Verhärtungen gebraucht zu haben. Dein Herz wird noch immer tief sanft sein ... aber alle Schüchternheit im Dich *belastenden* Sinne wird verschwunden sein...

*

Lass nicht zu, dass ‚brav' zu einem Schimpfwort wird – denn dies beschmutzt sämtliche Märchen. Wenn dieser Spruch wahr und positiv wäre, dann wäre die Goldmarie mit dem guten Herzen aus ‚Frau Holle' eine dumme Idiotin, die nur tun würde, wozu man sie ‚erzogen' hätte – und die Pechmarie wäre die kluge, weil sie nur tut, worauf sie ‚Lust' hat. Genau wie alle heute. Ab und zu mal eine Klima-Demo, aber nicht zu lange, denn nachher will man noch Netflix gucken...

Wenn aber ‚brav' ein Schimpfwort ist, so sind erst recht alle frechen Mädchen brav, da sie brav der neuen Ideologie hinterher rennen, dass Mädchen heute frech zu sein haben, sie sind also sehr gehorsam... Genau wie die Politiker, die brav immer weiter dem Kapitalismus dienen, obwohl er die Erde kaputtmacht, Arm und Reich immer weiter fortsetzt und tief unmenschliche Verhältnisse schafft. Sehr brav, sehr gehorsam. Die Dämonen freuen sich...

Statt ‚brav' sollte man immer andere Worte mitdenken, vor allem das Wort *Treue*. Elisa, die Goldmarie und das Sterntaler-Mädchen, sie alle dienen treu der heiligen Stimme des Guten, die sie im Innersten ihres Herzens hören und spüren! Wenn das schlecht sein sollte, dann haben die Dämonen endgültig gesiegt... So ernst liegen die Dinge heute!

Selbst mit der Treue kann man immer weniger anfangen, erst recht nicht mit der heiligen Treue gegenüber dem Guten. Auch nicht mit einer heiligen Bewunderung gegenüber diesen Mädchen aus dem Märchen. Aber wer sie verrät, der verrät auch seine eigene Seele. Weil ihm der *Selbstbezug* lieber ist. Nicht mehr um das Gute geht es dann, sondern um Spaß, Lust und Bequemlichkeit, um ‚Fun' und Selbstgefühl, unter anderem das tolle Gefühl, wie frech man doch ist...

Das ist wirklich reinste Pechmarie ... und hässlich wie sie.

Wenn Du das Gute liebst, stilles Mädchen, dann tu es nicht, weil Du Dich das Freche einfach nicht traust. Tu es, weil Du das Freche ablehnst! Tu es, weil Du das Gute wahrhaft liebst! Und weil Du genau weißt, warum Du das Freche, das Faule, das Bequeme *ablehnst*. Genau wie Elisa, die in liebender Treue für ihre Brüder die Brennnesselhemden gemacht hat ... und die in unserer Zeit heute dem kleinen *Kolibri* bedingungslos die Treue halten würde...

Denn *alle* Tiere sind unsere Brüder und Schwestern. Aber wer empfindet das noch? Wer? Vermutlich muss man bis zu den Indianern gehen. Sie haben ihre Seele *auch* nicht verraten...

ICH BIN STILL

Diese Worte sind wie eine Selbstaussage, ein Bekenntnis: Ich gehöre zu den *stillen* Mädchen... Meistens sage ich nichts – oder sehr wenig. Und früher wurde den Mädchen sogar oft der Mund ‚verboten': ‚Sei still!' – und das Mädchen dachte sich dann vielleicht resignierend: ‚Ich bin ja schon still...'

Meistens erlebt ein stilles Mädchen sein so besonderes Anderssein auch sehr leidvoll. Dieses Buch soll Dir helfen, dieses Stille zugleich auch als eine heilige Kostbarkeit zu erkennen und zu empfinden ... dankbar, ja glücklich, dass Du so bist, wie Du bist.

Ein Sprichwort heißt: ‚In der Ruhe liegt die Kraft'. Damit ist natürlich auch eine selbstbewusste Ruhe gemeint, wie sie zum Beispiel in der asiatischen Kampfkunst erstrebt und gefunden wird, auch in der Meditation überhaupt. Das *Stille* eines stillen Mädchens unterscheidet sich davon natürlich... Und doch gibt es eine Verwandtschaft.

Ein weiteres Wort heißt: ‚Stille Wasser sind tief.' Und dies gilt uneingeschränkt auch für Dich! Jede Seele, die nicht selbstbewusst nach außen lebt, sondern durch Schüchternheit oder Introvertiertheit mehr nach innen gewendet ist, entfaltet auf diese Weise eine viel größere Tiefe, als andere Seelen sie haben. Tiefe entsteht dadurch, dass man sich viele Gedanken macht, ernste, aufrichtige ... anstatt oberflächlich vor sich hin zu leben und zu konsumieren.

Stille Mädchen aber *bestehen* geradezu aus solchen Gedanken und Empfindungen, die sie fortwährend in ihrer eigenen Seele bewegen und leben lassen. *Wenn* daher jemand weiß, was die Seele ist, dann diese stillen Mädchen! Und nichts ist kostbarer als diese Seelentiefen voller zarter Gedanken und Empfindungen ... die sich dann jederzeit auch nach außen wenden können, einer Blume zuwenden, einem lieben Tier, einem Menschen ... allem. Bei dieser ungeheuren *Zuwendungsfähigkeit* waren wir bereits. Es ist eine unglaubliche Gabe der Empathie, des Mitfühlens – Mitleid, Mitfreude, Mitgefühl, Mitdenken. Ein stilles Mädchen ist wie geboren für dieses heilige ‚mit'...

Es ist so beziehungsfähig und bindungsfähig wie keine andere Seele. Ein stilles Mädchen ist wie ein Wunder ... und dass es so selten erkannt wird, sagt viel über die *anderen* Seelen!

Stille Wasser sind tief ... dies ist so wahr wie kaum etwas anderes! Du kannst unendlich stolz auf diesen Schatz sein, den Du in Deiner Seele trägst – stolz in jener zarten Weise, die so typisch für Dich ist! Stille Mädchen sind wirklich ein Wunder – und es ist kein Wunder, dass sie so einsam sind, denn Wunder sind selten...

Aber Einsamkeit sind sie auch gewohnt, sie brauchen gar nicht viel, um auch glücklich zu sein – *eine* gute Freundin reicht schon, oder vielleicht ein *Freund*, irgendwann...

Obwohl diese Einsamkeit kaum jemals leicht ist, sind stille Mädchen vielleicht die glücklichsten Seelen der Welt. Denn die Frage ist immer, wie sehr jene Menschen, die oft so glücklich *scheinen* oder auch glücklich tun, tatsächlich auch glücklich *sind* – und um *welches* Glück es dann eigentlich geht...

Ein stilles Mädchen besitzt ein Glück, das ihm vielleicht sehr oft viel zu wenig bewusst ist. Diese ganze, tiefe *Hingabefähigkeit* bedeutet eine zarte, tiefe Verbundenheit mit allem, dem sie sich zuwendet... Das haben die anderen Seelen so nicht! Auch wenn sie noch so fröhlich erscheinen, sind sie immer viel stärker mit sich allein als die Seele des stillen Mädchens. Vielleicht kann man sagen: Das stille Mädchen scheint oft einsam oder unglücklich, aber es ist so sehr mit den Dingen verbunden! Und andere Seelen scheinen oft gar nicht einsam, sondern fröhlich und glücklich, aber sie kennen die Verbundenheit der stillen Seele überhaupt gar nicht...

Die ganze Kostbarkeit dessen wirst Du wahrscheinlich überhaupt erst begreifen und empfinden können, wenn Du älter bist – aber irgendwann *wirst* Du sie empfinden.

Und doch kann auch jetzt schon die Einsamkeit manchmal etwas regelrecht Schönes haben. Tagträume, Sehnsucht... Zarte Ideale des Herzens... Sehnsucht nach einer friedlichen Welt, nach einer Welt des Guten ... nach einem Freund... Man hat das alles nicht ... aber man hat diese unendlich zarte, reine Sehnsucht im Herzen, fast wie im Märchen. Es ist wie reines Gold... Rein und kostbar...

Nehmen wir einmal die Sehnsucht nach einem Freund. Nehmen wir an, Du sehnst Dich leidvoll und hilflos ... und siehst, wie viele andere Mädchen bereits einen Freund haben. Aber gleichzeitig siehst Du, wie sie gar nicht diese Sehnsucht hatten ... und wie das bei ihnen alles viel schneller geht, auch viel *oberflächlicher* ist. Du möchtest mit einem Freund viel zärtlicher sein, viel vorsichtiger – für Dich ist es viel heiliger, Du idealisierst es mit Recht viel mehr.

Aber all dieses Kostbare braucht auch Zeit! Der richtige Freund muss Dir ja erst begegnen ... und das geht nicht so schnell wie bei all denen, die mit etwas viel Oberflächlicherem zufrieden sind, weil sie auch in ihrer eigenen Seele gar nichts Tieferes kennen, gar keine andere Sehnsucht haben als das, was sie jetzt gefunden haben. Und je länger Du leidvoll warten musst, allein mit Deiner Sehnsucht, desto tiefer wird das Glück sein, wenn Du dem Richtigen, dem wahren Freund, dann letztendlich begegnen wirst – und er Dir...! Das schnelle Glück ist nicht das tiefe ... das *lange* ersehnte ist erst das wahrhaft kostbare...

Du könntest das *Gleiche* haben wie die anderen Mädchen, wenn Du so wärst wie sie. Aber willst Du das? Oder sehnst Du Dich nicht nach viel *mehr*, als was Du bei ihnen siehst...? Wenn das so ist, dann hab mit zartem Vertrauen *Geduld*. Stille Wasser sind tief... Es braucht Mut, ihnen zu begegnen ... und es braucht *Zeit*, bis der richtige Freund kommt, der Deiner auch würdig ist und der Dir wahrhaft gerecht werden kann... Zeit... Stille Mädchen kennen das Geheimnis der Zeit. Sie kannten es schon immer. Auch wenn es manchmal wehtut. Aber die Zeit ist ihre Freundin. Trotz allem...

Wenn Du aber meinst, einem Freund begegnet zu sein, achte nicht nur auf das momentane Gefühl des Glücks, weil Du Dich *geliebt* fühlst ... sondern auch darauf, was *er* an tiefsten Gedanken und Empfindungen hat. Prüfe die Deinen ... und versuche, herauszufinden, ob Dir in *seiner* Seele davon etwas wieder begegnet. Ob das, was *Dir* heilig ist, auch ihm heilig ist ... und nicht etwa ziemlich gleichgültig... Denn sonst wirst Du sehr schnell jeden Tag ein bisschen mehr enttäuscht werden...

Achte darauf, ob Ihr gerade in der *Tiefe* zusammenpasst... Denn Du *bist* tief... Und wenn er nicht auch tief ist, wird es nicht lange gut gehen... Dann wird er Dich unglücklich machen. Außer er liebt Dich so sehr und so aufrichtig, dass er durch Dich völlig verändert wird. Auch das wirst Du schnell spüren – wie *sehr* er Dich liebt...

Dazu gehört auch, dass ein Freund, der ein stilles Mädchen liebt, in allem auf *ihr* Tempo Rücksicht nimmt, und zwar bedingungslos. Wenn Du Dich in irgendeiner Weise *gedrängt* fühlst, pass auf und beginne zu zweifeln. Wer ein stilles Mädchen wahrhaft liebt, wird in seiner eigenen Seele so zart und so vorsichtig, dass es sich niemals zu irgendetwas gedrängt fühlen wird. Es wird sich *geborgen* fühlen – nichts anderes...

Warte auf die Begegnung mit diesem Richtigen – und lass Dich niemals anders ‚lieben'... Stille Wasser sind tief. Und wenn der richtige Freund Dir begegnen wird, so wird auch er und wird auch sein Verständnis tief und zärtlich sein, und Du wirst es spüren: Jetzt ist das Wunder da... Das Wunder zärtlicher *Tiefe* der Begegnung, der Liebe...

ZARTHEIT

Stille Mädchen sind zart, in ihrer Seele lebt das Geheimnis des Zarten, des Behutsamen, des Zurückhaltenden, vielleicht sogar Schüchternen. Aber auch dies ist wieder eine *Kostbarkeit*.

Das Zarte... Überall wird Zärtlichkeit idealisiert – und gleichzeitig schämt man sich, wenn man zu ‚zart' ist, was für ein Widerspruch! Er ist nur möglich, weil in unserer Gesellschaft noch immer zugleich das falsche Ideal der ‚Coolness' gilt. Kaum einer kann heute öffentlich Gefühle zeigen, erst recht nicht über eine gewisse Grenze hinaus. Und hast Du schon einmal gesehen, wie jemand im Kino geweint hat? Es kann ja leise sein – aber hast Du schon einmal gesehen, wie jemandem Tränen über das Gesicht liefen...?

Wie sehr werden heute reine und aufrichtige Empfindungen unterdrückt! Oft werden sie sogar regelrecht *abgeschafft*, weil man immer mehr nur noch konsumiert. Man kann dann in Filme gar nicht mehr eintauchen – weil man immer weiß, dass es ja nur ‚Schauspieler' sind. Man ist wie ein bloßer Beobachter, der sich nur unterhalten lässt, nur konsumiert, aber nicht wirklich eintaucht, bis hin zur Identifikation, zum Einswerden, mit ganzem Herzen...

Das wird immer seltener! Die Menschen sind zwar oft so sehr auf der Suche nach Gefühlen – aber sie haben sie immer weniger! Und wenn dann jemand bei einem Film still *weint* ... denkt man: ‚Oh, wie peinlich!' Dabei ist diese Seele die einzig aufrichtige...

Das *Zarte*, das Verletzliche und das sich verletzlich Machende ist also sehr selten geworden. Und je mehr man damit allein steht, desto mehr Mut braucht man dafür. Aber zugleich kann man sich sagen: Wenn ich den Mut habe, merken vielleicht auch andere, dass man ihn haben *sollte*; andere, die die Sehnsucht haben, dass sie solchen Mut auch hätten – oder zumindest solche Gefühle...
Jeder Mut zu etwas *Zartem* ist zugleich ein Sieg gegen die Dämonen, denn sie sind es gerade, die dem Menschen diesen Mut austrei-

ben – um an seine Stelle das Sich-Verstecken und die Coolness zu setzen. Die wahre Seele des Menschen immer unsichtbarer zu machen ... bis sie ganz verschwindet. Jeder, der den Mut hat, seine Zartheit nicht zu verstecken, kämpft auf der Seite der Engel ... und hat mehr Mut als alle anderen...

*

Zartheit ist nachgiebig, Zartheit ist liebevoll, sie ist verzeihend, sie ist verletzlich. Das Zarte und Zärtliche ist das innere Geheimnis des stillen Mädchens. Weil es so still ist, kann es so zart sein ... gegenüber einer Blume, gegenüber allem...

Deswegen kann es auch so unendlich gut zuhören. Zuhören ist Hingabe. Zuhören ist ein *Zartwerden* der Seele, damit etwas anderes eintreten kann ... zart willkommen. Niemand kann so zärtlich zuhören wie ein stilles Mädchen ... das zugleich so sehr die Sehnsucht kennt, dass auch *ihr* einmal jemand so innig zuhören kann!

Ich sprach bereits von der Blume. Die Zartheit beginnt schon im Blick, in der Art, wie etwas angeblickt wird. Das stille Mädchen kennt diese Zartheit. So sehr, wie es zurückhaltend und vielleicht sogar schüchtern ist, so zärtlich blickt es auch. Eine Blume, so angeblickt, müsste sich geradezu *gestreichelt* fühlen, wenn sie sprechen und es ausdrücken könnte.

Das ist dieses unendliche Geheimnis. Nur wer so blickt, kann alles auch *lieben*, denn bereits in dem Blick selbst *lebt* diese Liebe... Zartheit, Zärtlichkeit, Behutsamkeit *ist* Liebe. Das stille Mädchen kennt ihr innerstes Geheimnis. Es lebt sich sozusagen mit jedem *Schritt* liebevoll in die Welt hinein...

Das kann man wirklich wörtlich verstehen. Das stille Mädchen *geht* sogar anders. Es ‚trampelt' nicht einfach grob und achtlos irgendwo lang, sondern es geht geradezu sanft ... man kann es auch Anmut nennen. Zärtlich, weich geht es – genau, wie sein Wesen ist, wie könnte es auch anders sein? Weich, wie wenn es frischen Schnee betreten würde, fast zärtlich... Es gibt Jungen, die verlieben sich schon in die ganze Art, wie ein Mädchen *geht* ... und so sollte es auch sein. Sie können das nicht, aber sie können von dem geliebten Mädchen durch ihre Liebe lernen, innerlich zarter zu werden, als sie es zunächst sind...

Das Zarte ist vielleicht das innerste Geheimnis des Kosmos. Das *Zarte* würde nie zulassen, dass so etwas wie Massentierhaltung entsteht. So etwas wie Krieg. So etwas wie Ausbeutung. Das Zarte ist immer auf der Seite des Schwächeren, des Ungeschützten – es ist sozusagen der *Beistand* schlechthin... Das Zarte ist das innerste Geheimnis der *Liebe*.

Es ist aber auch das Geheimnis des Lebens. Denk einmal an die zartesten Pflanzensprossen! Überall, wo Wachstum sich offenbart, wird es zart ... und gleichzeitig kann so ein unendlich zarter Spross den härtesten Asphalt durchdringen! Ist das nicht ein Wunder? Das Zarte ist im Grunde das unbesiegbare Leben... Auch Blüten sind zart, Sonnenstrahlen, der Regenbogen ... das Zarte ist gleichzeitig die berührendste Schönheit, die existiert. Ein Schmetterlingsflügel. Ein Schneekristall. Die aufrichtigen Augen eines stillen Mädchens...

Das Zarte ist ein Wunder ... und es braucht überall *Mut* dafür. Ja, man kann sich wirklich vorstellen, dass auch der zarte Pflanzenspross Mut braucht, die Schneeflocke Mut braucht, sogar die Sonnenstrahlen... Alles Zarte ist so ungeheuer verletzlich ... und doch macht es sich auf die Reise! Es ist so zutiefst berührend, wenn man das einmal empfindet! Und so kann es einem auch selbst Mut machen...

Zartheit ist überall Leben und Heilung... Der Pflanzenspross bringt neues Leben... Die Schneeflocken bringen eine grenzenlose Unschuld und heilen alles Hässliche, was sonst zu sehen ist. Die Sonnenstrahlen bringen zarte Wärme ... und der Regenbogen ist ein Wunder für sich... Wahrscheinlich könnte kein Mensch Krieg führen, solange er einen Regenbogen sähe... Zartheit ist Heilung. Das gilt auch für das Zarte eines Mädchens. Jede Zartheit, jeder Mut dazu heilt etwas in der Welt. Berührt andere Seelen, heilt auch in ihnen etwas. Vertreibt die Dämonen. Öffnet das Herz den Engeln. Zartheit *ist* die Heilung...

*

Es gibt das Adventlied ‚Maria durch ein Dornwald ging'. Darin heißt es weiter, dass sie unter dem Herzen ein kleines Kind trug ... und dann heißt es: ‚Da haben die Dornen Rosen getragen...' Ist dieses Bild nicht ein allerzartestes Wunder? Wie in dem Moment, als Maria mit dem Kind durch den Dornwald geht, dieser auf einmal lauter zarte *Rosen* aufblühen lässt?

Aber nur die Zartheit in der Seele kann die *Wunder* empfinden. Wenn die Seele zart wird ... empfindet sie die Wunder überall. In der Schönheit einer Muschel ... eines Sandkorns ... eines Blattes im Herbst ... eines Sonnenstrahls an einem Herbstmorgen. Nur die innere Zartheit ist empfänglich für das Wunder ... denn fast jedes Wunder ist ebenfalls zart. Es drängt sich nicht auf. Es wartet auf jene Seelen, die empfänglich *sind*, weil sie sich empfänglich *gemacht* haben.

Christian Morgenstern dichtete die wunderbaren Zeilen: ‚Nicht müde werden / sondern dem Wunder / leise / wie einem Vogel / die Hand hinhalten.' Auch das ist ein berührendes Bild für die Zartheit, mit der sich eine Seele *empfänglich* macht ... für das Wunder, jeden Tag wieder...

Zartheit ist die wahre Heilung der Seelen! Und das stille Mädchen kennt sie so sehr!

Unschuld

Die Zartheit ist ein Aspekt der Unschuld. Alles Zarte ist unschuldig – denn es ist verletzlich und will keinerlei Macht ausüben, kann es gar nicht. Außerdem denkt es nicht an sich, sondern offenbart sich einfach ... wie die Schneeflocke, wie der Regenbogen.

Eine selbstbezogene Zartheit ist im Grunde undenkbar. In der Zartheit *vergisst* sich das Selbst und eine tiefe Unschuld tritt an die Stelle jeglichen Selbstbezuges. Was dann noch als Selbst vorhanden ist, ist *liebevoll* ... und das gerade ist wieder das wahre Selbst...

Was ist dann Unschuld? Das Geheimnis der Unschuld ist nun wirklich das vollständige Fehlen von Selbstbezug und Egoismus. Zartheit ist ein Aspekt dessen – Unschuld ist das Ganze. Unschuld ist sozusagen das, was die Engel als *Leuchten* wahrnehmen, wenn sie auf die Erde blicken ... während überall da, wo sich Selbstbezug zeigt, etwas wie Finsternis, Verdunklung, sichtbar wird...

Und vielleicht ist ‚Unschuld' heute zugleich der umkämpfteste Begriff überhaupt. Denn einerseits wird sie unendlich geliebt – so sind zum Beispiel auch kleine Kinder ja unschuldig. Und andererseits gilt sie als absolutes Feindbild der ‚Emanzipation'. Auch hier gilt wieder: Mädchen sollen nicht mehr unschuldig sein, sondern frech und selbstbewusst, also durchaus auch selbstbezogen. Denn die Unschuld konnte man jahrhundertelang hervorragend unterdrücken und missbrauchen!

Aber spricht das gegen die Unschuld? Nein, es spricht nur gegen Unterdrückung und Missbrauch! *Diese* müssen geheilt, nicht die Unschuld abgeschafft werden!

Aber was wird geschehen, wenn die Unschuld von der Erde verschwindet? Jedes aufrichtige Herz könnte es spüren... Streit, Zwietracht und Kriege werden noch weiter zunehmen. Diskussionen, Debatten, abstrakte Regeln, sinnlose Strukturen ... alles wird weiter zunehmen, wenn wir nicht lernen, der *Unschuld* wieder Raum in unseren Seelen zu geben! Die Mädchen sind überhaupt nicht die Einzigen, die die Unschuld haben sollen – aber sie sind vielleicht fast die Einzigen, die sie im Moment noch *haben!* Wenige Mädchen – denn die meisten werfen auch sie über Bord, genau, wie sie sollen...

Ein Mädchen, das sich seiner Unschuld ‚entledigt', ist nicht mehr so leicht angreifbar, verletzbar, unterdrückbar – und das ist die Absicht der Feministinnen: die Mädchen ‚stark' zu machen. Das ist ein ehrhaftes Anliegen zur Bekämpfung des Missbrauchs – aber die Frage ist, ob es der richtige Ansatz ist. Oder ob es letztlich nicht nur den Dämonen dient – denn sie wollen die Unschuld definitiv *vernichten* und ausrotten! Steht doch nichts so sehr im Gegensatz zu ihnen wie sie, diese furchtbare Unschuld...

Die Dämonen hassen schon den Schnee, der den Menschenseelen das *Bild* von Reinheit und Unschuld schenkt, immer wieder neu. Aber noch viel mehr hassen sie die Existenz der Unschuld in Mädchenseelen – denn hier können sie nicht hinein ... und die Gefahr besteht, dass das Mädchen auch andere Seelen berührt und auch diese wieder unschuldiger werden. Nichts erstreben sie so sehr wie das völlige *Verschwinden* der Unschuld von der Erde...

*

Du kannst einmal unter diesem Gesichtspunkt daran denken, was heute für Filme in die Kinos kommen. Ist in *einem* von zehn Filmen wirklich noch *Unschuld* zu erleben? Oder geht es vielleicht zwar um Gut und Böse wie in den ganzen Superheldenfilmen, aber immer technisierter, immer actionreicher, immer brutaler ... und von Unschuld nicht die geringste Spur...?

Und Du kannst weiter daran denken, wie das heute mit all den Bildschirmen ist und der ungeheuren Flut der Bildschirminhalte. Ist da *irgendetwas* von Unschuld zu finden? Nichts! Allein schon die Bildschirme *an sich* töten jedes tiefere Empfindungsvermögen und verflachen alle Seelenregungen zu immer stärkerer Oberflächlichkeit. Sie sind unmittelbar und ganz direkt gegen jede Unschuld der Seele gerichtet. Gib einem Kind ein Bildschirm und Du arbeitest direkt an der Vernichtung seiner Unschuld...

Denn Bildschirme sind direkt auf den *Konsum* ausgerichtet – bewegliche Bilder, die man nur noch aufsaugen muss. Die Seele muss gar nichts mehr tun, im Gegensatz zum Beispiel zu einem Buch, wo die Fantasie noch lebendig und vollkommen eigenständig *eintauchen* musste. Bei den Bildschirmen wird alles fertig geliefert, nur noch Augen auf und ‚rein da' ... dämonisch! Fantasie, Hingabe, Unschuld ... alles wird vernichtet...

Es ist ein flächendeckender Krieg gegen die zartesten Seelenkräfte, die existieren. Sie haben keine Chance, denn die Kinder begreifen natürlich noch überhaupt nicht, was geschieht. Und bevor sie es begreifen können, ist es auch bereits zu spät. Ist schon geschehen. Die Unschuld ist weg. Die Fantasie ist weg. Die Hingabefähigkeit ist weg. Alles ersetzt durch Konsumgewohnheit und neues Anspruchsdenken und Sucht. ‚Wo sind die Inhalte, gebt mir Inhalte – wo ist das Internet...?'

Und nur die *stillen* Mädchen haben noch einen gewissen Widerstand und Schutz dagegen, weil in ihrer Seele noch etwas anderes lebt... Schüchternheit, eigene Gedanken und Empfindungen, eine gewisse Abwehr gegen dieses rein Äußerliche, eine gewisse *Unschuld* noch... Aber wieviel? Und wie lange...?

*

Von tiefer *Unschuld* wäre es, wenn heute noch gebetet würde, zum Beispiel vor einer Mahlzeit, vielleicht mit folgenden Worten ... die aber genauso gut auch ganz still und für sich vor dem Schlafengehen gesprochen oder auch nur *gedacht* werden können:

> Bei jedem Bissen Brot
> Denk an der Sonne Rot,
> die Korn auf Körnlein hat erwärmt
> und wachsen ließ aus Liebe.
> Bei jedem Bissen Brot
> Denk an des Bruders Not,

der einsam sich am Hunger härmt.
O du, den Gottes Segen wärmt –
Geh, gib ihm – Brot und Liebe!

Aber wer tut das noch? Wer durchdringt sich noch so aufrichtig mit tiefsten Impulsen begreifender, staunender *Verbundenheit*, Dankbarkeit und eines *absolut guten Willens*...? Aber das ist Unschuld... Dankbarkeit gegenüber der Erde, der Sonne, der Pflanze, allem ... und gleichzeitig tiefe Liebe gegenüber allem, was in Not ist und Hilfe braucht... Das ist Unschuld!

Daran sieht man, wie tief die Hingabekräfte gehen können – und was das Religiöse für eine Steigerung der Hingabe- und Unschuldskräfte bedeutet! Aber auch hierfür braucht man Mut und einen heiligen, reinen Willen...

Es ist wichtig, diese Dinge zumindest zu *empfinden*. Ebenso kann man wiederum in Märchenbilder eintauchen, etwa in jene Szene, wo die böse Stiefmutter Elisas Wesen vernichten will:

> Früh Morgens ging die Königin in das Bad, welches von Marmor erbaut und mit weichen Kissen und den prächtigsten Decken geschmückt war; und sie nahm drei Kröten, küsste sie, und sagte zu der einen: „Setze dich auf Elisas Kopf, wenn sie in das Bad kommt, damit sie dumm wird wie du!" – „Setze dich auf ihre Stirn", sagte sie zur andern, „damit sie hässlich wird wie du, so dass ihr Vater sie nicht kennt!" – „Ruhe an ihrem Herzen", flüsterte sie der dritten zu; „lass sie einen bösen Sinn erhalten, damit sie Schmerzen davon hat!" Dann setzte sie die Kröten in das klare Wasser, welches sogleich eine grüne Farbe erhielt, rief Elisa, zog sie aus und ließ sie in das Wasser hinabsteigen. Und indem Elisa untertauchte, setzte sich die eine Kröte ihr in das Haar, die andere auf ihre Stirn und die dritte auf die Brust. Aber sie schien es gar nicht zu merken; sobald sie sich emporrichtete, schwammen drei rote Mohnblumen auf dem Wasser. Wären die Tiere nicht giftig gewesen und von der Hexe geküsst worden: so wären sie in rote Rosen verwandelt. Aber Blumen wurden sie doch, weil sie auf ihrem Haupte und an ihrem Herzen geruht hatten. Sie war zu fromm und unschuldig, als dass die Zauberei Macht über sie haben konnte.
> Als die böse Königin das sah, rieb sie Elisa mit Walnusssaft ein, so dass sie ganz schwarzbraun wurde, bestrich ihr das hübsche Antlitz

mit einer stinkenden Salbe und ließ das herrliche Haar sich verwirren. Es war unmöglich, die schöne Elisa wiederzuerkennen.
Als der Vater sie sah, erschrak er sehr und sagte, es sei nicht seine Tochter. Niemand, außer dem Kettenhunde und den Schwalben, wollte sie erkennen; aber das waren arme Tiere, die nichts zu sagen hatten.

Selbst die dämonische Magie kann der Unschuld des frommen Mädchens nichts anhaben! Doch als sie äußerlich hässlich gemacht wird, wird sie nur noch von den unschuldigen Tieren erkannt...!

Vielleicht wirst Du so unschuldig niemals sein wollen – aber es ist schon kostbar, in einem *Teil* seiner Seele eine tiefe Sehnsucht nach einer so bedingungslosen Unschuld zu entdecken und zu empfinden.

Elisa ist hier reines Opfer, all dies geschieht ihr und sie kann nicht anders, als es geschehen zu lassen, denn sie muss der Stiefmutter *gehorchen*. Und doch geht gerade aus diesem tiefen Opfer jene Unschuld hervor, mit der sie ihre Brüder erlösen wird, denen sie in absoluter Treue zugetan bleibt...

Jedes Opfer ist tiefste Hingabe, völliger Verzicht auf allen Selbstbezug ... und darum ist damit so tief das Geheimnis der Erlösung verbunden. Das Christuswesen ging durch den Tod, um den Menschen die Auferstehungskräfte schenken zu können, die seitdem vorhanden sind und von jenem Wesen der Seele auch *gegeben* werden können, wenn sie sich mit diesem Wesen verbindet. Ein Bild für dieses Christus-Geheimnis der Hingabe ist auch der Mythos des Pelikan, der seine Jungen mit seinem eigenen Blut nährt.

Jede Hingabe der reinen Seele an das *Gute* ist das heilige Opfer des Selbstbezuges. Immer, wenn die Seele wahrhaft das Gute tut und sich selbst dabei völlig vergisst (ihre eigene Annehmlichkeit und so weiter, aber bis in die Tiefe), ‚stirbt' das falsche Selbst und das wahre Selbst tritt in Erscheinung...

Hierher gehört auch das andere mythische Bild von dem Einhorn, das wild und nicht zu fangen ist, aber sich still und zahm in den Schoß einer unschuldigen Jungfrau oder eines Mädchens legt... Das Einhorn aber ist Bild für das Christuswesen – und hier zeigt sich von neuem der tiefe Zusammenhang zwischen diesem Wesen und der Unschuld der Seele. Wo in einer Seele Unschuld lebt, da ist auch dieses Wesen unendlich nahe ... und schützt sie gegen die Dämonen, die die Unschuld gerade *vernichten* wollen...

Gegen Unrecht muss man manchmal kämpfen, aber nicht selten werden die größten Siege durch Unschuld erreicht. Das unendliche Vorbild ist die Christus-Tat selbst, und dieses Gotteswesen gab der menschlichen Seele überhaupt erst die Kraft dazu. Gandhi besiegte das britische Kolonialreich durch die absolute Gewaltlosigkeit, die sich restlos verletzlich machte. Martin Luther King bewirkte mit derselben Gewaltlosigkeit die Abschaffung der Rassendiskriminierung in den Vereinigten Staaten.

Jedes Bild eines unschuldigen Kükens bewirkt mehr gegen die Massentierhaltung als tausend Worte. Das Bild eines unschuldigen, nackten neunjährigen Mädchens, das weinend vor den Brandbomben des Vietnamkrieges flieht, erschüttert einen bis heute. Und Missbrauch ist derart umfassend geächtet, weil sich Kinder, insbesondere Mädchen, fast gar nicht wehren *können*.

Immer und immer wieder ist es die *Unschuld*, die das menschliche Gewissen bis in alle Tiefen berührt ... und die stärksten Dämonen austreiben kann. Je größer und je absoluter die Unschuld, desto größer und erschütternder die *Heilung* der Seele...

Dein Wille geschehe...

Diese Worte sind eine Zeile im sogenannten ‚Vaterunser', dem christlichen Gebet, das an das höchste Gotteswesen gerichtet ist. Es bedeutet eine Hingabe des eigenen Willens an den Willen Gottes – dessen Wesen Du Dir natürlich auch *weiblich* vorstellen kannst.

Aber gleichzeitig brachte das Christuswesen den Menschen auch das Geheimnis der Individualität, der wirklichen *Freiheit*. Die göttliche Welt will also eigentlich die Freiheit des Menschen und damit seinen *eigenen* Willen.

Aber was ist nun dieser eigene Wille, wenn es gleichzeitig die Dämonen gibt? Den Selbstbezug? Die Genusssucht, die Faulheit, die Bequemlichkeit, lauter Impulse, die bereits von anderen Wesen in der Seele erweckt werden...? Was ist dann die Freiheit? Beginnt sie nicht erst da, wo die Dämonen besiegt wurden? Und wäre der *dann* sich offenbarende Wille des Menschen nicht wieder eins mit der göttlichen Welt, mit allen Engeln? Er wäre es!

Aber dies kann niemand fordern. Die Freiheit der menschlichen Seele ist unantastbar. Die Aufgabe, das Gute zu suchen und sich dann auch dafür zu entscheiden – oder auch nicht, es vielleicht nicht einmal zu suchen –, hat jede einzelne Seele *selbst*. Ich will Dir dazu den *Mut* geben, weil ich glaube, dass gerade die stillen Mädchen hierzu eine tiefe Veranlagung haben ... und auch eine *Sehnsucht*. Im Grunde will ich diese Sehnsucht stärken, sofern Du sie in Dir finden kannst.

Und zugleich will ich Dich nicht *beeinflussen*, in irgendeine Richtung *drängen* ... was etwas völlig anderes wäre. Weil ich Dich nicht persönlich kenne, kann ich nur vermuten, was in Deiner Seele vielleicht lebt – denn in vielen stillen Mädchen *wird* etwas in dieser Weise leben, und dann *braucht* es auch Ermutigung, denn allzu viel in dieser Welt wirkt *gegen* eine solche. Trotzdem aber möchte ich auch den Willen dieser Mädchen frei lassen – und es ist letztlich alles ihre Entscheidung. Jedem einzelnen Impuls kann man nur folgen, wenn man wirklich eine tiefe eigene Sehnsucht danach zu entwickeln und zu spüren beginnt. Vielleicht tut man das aber erst *durch* diese Ermutigungen...

So aber jedenfalls wollen sie allein verstanden sein – von Dir! *Nicht* als Überredungen, nicht als drängende Hinweise, nicht als irgendetwas in dieser Art! Würdest Du es so empfinden, lies es bitte unbedingt noch einmal neu in dem *anderen* Sinne ... und wenn es Dir nichts bedeutet, dann übergehe diese Abschnitte, die Du für Dich innerlich ablehnen musst...

Denn so ist die Überschrift gemeint: *Dein* Wille geschehe. Es ist Deine Seele ... und was in ihr geschieht und lebt, ist Deine heilige Verantwortung, in die niemand eingreifen kann und darf. Die Dämonen werden das *sowieso* versuchen – aber das tun sie ohnehin ständig bei *jeder* Seele. Wir können als Menschen einander helfen, uns von ihnen zu befreien – aber wir dürfen einander nicht zu etwas *drängen*. Dazu ist die menschliche Freiheit zu heilig...

Es ist natürlich meine Hoffnung, dass gerade die stillen Mädchen die Kraft finden, den *reinsten* Regungen in ihrer Seele zu folgen. Gerade deshalb und für sie schreibe ich ja dieses ganze Buch. Aber es ist auch bereits viel wert, von diesen reinsten Regungen einmal in tieferer Weise als je zuvor auch nur *gehört* zu haben. Das sollst Du also wissen: Dass ich bereits eine bewundernde Dankbarkeit empfinde, wenn Du Abschnitte für Dich ablehnen musst, auf die Du Dich trotzdem erst einmal aufrichtig *eingelassen* hattest... Allein schon dieses Sich-Einlassen ist immer wieder neu bewundernswerte *Unschuld*. Die meisten Seelen können nicht einmal dies...

Also, liebes stilles Mädchen – *Dein* Wille geschehe! Ihm folge...

M<small>UT</small>

Dein Wille... Meist geschieht der eigene Wille nicht, denn er bleibt Wunsch. Jede Seele hat ein tiefes Reich der Sehnsucht. In jeder Seele lebt das Geheimnis des guten Willens – aber nirgendwo reiner als in den *stillen Mädchen*. Sie sind so still, *weil* die umgebende Welt so sehr ihren innersten Idealen widerspricht, ihrem innersten Wissen, wie die Welt sein *sollte*...

Es ist wirklich ein Wissen. Und nur die erschütternde Erfahrung, dass anscheinend kein *anderer* Mensch so ein Wissen, solche Ideale, so eine Sehnsucht hat, lässt die stillen Mädchen weiter verstummen, *noch* stiller werden, als sie ohnehin schon wären...

Aber lass Dir dieses heilige Wissen, das in Deiner Sehnsucht lebt und das Deine Sehnsucht *ist*, niemals ausreden! Auch in jeder anderen Seele lebt dieses Wissen, diese Sehnsucht, aber verschüttet, verdrängt, abgestumpft, vergessen... Dennoch: Der Mensch kann nicht anders, als eine Sehnsucht nach dem wahrhaft Menschlichen zu haben, seinem wahren *Wesen*. Es ist immer da, wie verschüttet auch immer. Die Seele *weiß*... Und zwar jede...

Dazu braucht es Mut! Sich zu dieser Sehnsucht zu bekennen. Dazu zu bekennen, dass das ein Wissen ist – und nicht etwa eine unerfüllbare Sehnsucht nach etwas Naiv-Unmöglichem. Es ist ein Wissen! Der Mensch *sollte* so sein, weil er so sein *kann* – und es ist ein Wissen! Nichts ist unmöglich, was menschlich ist – und es sollte so sein! Die Welt sollte ein vollkommen menschliches Antlitz haben, nie ein anderes. Alles Unmenschliche sollte verschwinden. Das ist keine Naivität, das ist die *Wahrheit*.

Wer hat es geschafft, dies als völlige Naivität hinzustellen? Die Dämonen. Weil alle Menschen sich ihnen unterworfen haben – aus *Angst*. Aus Feigheit. Feigheit in Bezug auf ihre eigene Wahrhaftigkeit, ihren eigenen Mut, ihre eigenen Ideale, ihre eigene Sehnsucht, die eine *Wahrheit* ist und ein Wissen. Feigheit. Kein Mensch ist mutiger als ein stilles Mädchen, das sich zwar ohnmächtig fühlt, aber das Ideal und die Sehnsucht noch mit *leuchtender Aufrichtigkeit* in seinem Herzen trägt!

Jeder Mut beginnt damit, die Wahrheit nicht zu verleugnen. Die eigene Seele nicht zu verleugnen. Beginnt mit tiefer Aufrichtigkeit. Dies ist die *Quelle* jedes echten Mutes. Du trägst also den Mut längst im Herzen, obwohl Du es noch nicht wusstest. Das ist er.

Und das Gefühl der Ohnmacht ... das kann man ändern. Zart... Liebevoll... Schrittweise... Was man *nicht* so schnell ändern kann, ist die Wahrhaftigkeit. Ist sie einmal verloren, weil man seine wahre Sehnsucht und Seele *verschüttet* hat, wie die Vielen, ist sie sehr, sehr schwer wiederzufinden, denn man wird tief graben müssen ... und auch all den Mut wiederfinden müssen, den man einmal hatte, als man vielleicht noch *wahrhaftig* war ... so wie Du.

Und wieder gilt: Wenn dies für Dich selbst auch etwas Neues sein sollte ... denke nicht, ich möchte Dich zu etwas ‚bringen'. Du weißt ja, ich schreibe für *alle* stillen Mädchen ... und ich muss sie ermutigen, denn zu viele Menschen und Umstände *entmutigen* Euch. Es ist doch selbstverständlich, dass Du dieses Buch jederzeit zur Seite legen kannst, als für Dich nicht passend – dazu gehört nicht einmal Mut. Es reicht eine simple Handbewegung...

Aber Mut gehört dazu, auf seine eigene Seele zu lauschen... Auf sein Gewissen... Auf seine Sehnsucht... Auf die Wahrheiten, die die Seele fortwährend in sich trägt, weil ihr wahres Wesen aus ihnen *besteht*. Dazu gehört Mut. Darauf zu lauschen... Stille Mädchen können das, weil sie es irgendwo sowieso immer tun. Andere Menschen tun es nie ... haben keine Zeit dafür ... laufen weg davor. Angst. Kein Mut. Keine Zeit... Stille Mädchen *haben* Zeit. Und sie haben Mut...

NAIVITÄT

Lass Dir nie einreden, all dies sei ‚naiv'. Auf seine Seele zu hören. Sein Gewissen ernst zu nehmen. Die Welt an seiner *Sehnsucht* zu messen.

Die ‚Großen', die ‚Erwachsenen' werden Dir sagen: Hör auf zu träumen! Aber Du träumst nicht. *Sie* träumen. Sie träumen, man könnte Mensch werden oder bleiben, ohne seiner innersten Stimme zu folgen. Dabei wissen sie, dass sie ihre Seele verraten. Dass sie dasjenige längst getan haben, was sie jetzt auch Dir ‚empfehlen'. Aber sie alle kennen den ‚Kleinen Prinzen'. Und vieles andere – vieles andere kennen sie, was sie *wissen* lässt, dass sie auch ihre eigene Wahrheit täglich verraten...

‚Aber die Welt ist nicht so...', sagen sie dann. Ja, das stimmt – aber woran liegt das? Es liegt auch an ihnen. Es liegt an uns allen. Dass die Welt ‚nicht so ist'. Wie denn nicht ist? Dass sie nicht so ist, wie man sie ersehnt! Aber wer bestimmt denn, wie sie ist? Doch nur der Mensch selbst – er bestimmt es. Und wenn die Welt ‚nicht so ist', dann muss sie eben so werden! Deine zarteste Waffe sei ein kleines ‚noch': *Noch* ist sie nicht so...

Wer es aufgibt, an seine Sehnsucht zu glauben, der ist unmittelbar mit verantwortlich dafür. Er war es schon vorher – aber nun erst recht. Alle Menschen fühlen sich um ihre Sehnsucht betrogen, aber sie sind selbst auch Betrüger und Verräter! Wer sich anpasst, kann vielleicht zunächst nicht anders, das mag sein. Aber wer seine Sehnsucht und seine Ideale, die ein Wissen sind, *begräbt*, der ist wahrhaftig ein Mörder ... an seiner eigenen Seele. Wie kann man von Dir verlangen, dasselbe zu tun und zu werden! Weiß man überhaupt, was man da redet?

Sie alle sind wie die verzauberten Brüder im Märchen. Nur noch Tiergestalt, keine wahrhaftige Menschengestalt mehr... Aber es gibt

Mädchen, die treu dem Weg der Erlösung folgen ... all ihren verzauberten Brüdern und auch Schwestern zuliebe.

Es ist kein Wunder, dass es die *stillen* Mädchen sind. Nicht nur in der Ruhe liegt die Kraft, sondern auch in der Stille. Auch Elisa durfte nicht sprechen. Die Stille hat zu tun mit der Treue. Stille Mädchen fühlen sich allein – und sie *sind* allein. Wie Elisa. Aber sie sind nie allein. Denn alle Engel sind mit ihnen. Das Gute selbst ist in ihnen. Die Stille ist in Wirklichkeit das Reich der *Wahrheit*. Denn auch die Wahrheit ist immer still. Sie wird sich nie ‚herausposaunen'. Dafür ist sie zu heilig, zu kostbar. Das Wahre ist still ... und das wahrhaft Stille ist auch immer wahr...

Und wenn ein stilles Mädchen dann einmal zu sprechen beginnt ... aus ihrem innersten heiligen Reich, ihrer aufrichtigen Seele ... dann sind auch ihre Worte die *Wahrheit*. Sie sind wahr, weil das *Mädchen* wahr ist, eins mit seiner Seele, im Gegensatz zu allen anderen.

*

Das Wort ‚naiv' bedeutet in seiner ursprünglichen Bedeutung ‚natürlich, angeboren' – es kommt von dem lateinischen ‚nativus'. Du kannst auch an das englische ‚Natives' denken, das sind die Einheimischen, die Urbevölkerung.

Was heute als ‚naiv' bezeichnet wird, das ist dasjenige, was die Seele *in* sich trägt. Sie ist damit geboren. Sie kommt wie die Ideale selbst aus einem geistigen Reich, dass das Reich der *Wahrheit selbst* ist. Das rein Gute ... da kommt die Seele her, das ist ihre Heimat, und nur deswegen *hat* sie ein Gewissen, denn das ist ihre heilige *Erinnerung* an diese Heimat... Sie weiß, wo sie herkommt...

Die Seele ist mit dieser Sehnsucht *geboren*. Es ist ihr Wesen. Was könnte natürlicher sein, als dem eigenen Wesen zu folgen?

Und doch wird es verraten! Und zwar so sehr, dass man sogar den Verrat wiederum verdrängt und vergisst. So sehr, dass man glauben kann, dass ‚naiv' wirklich ‚naiv' bedeuten würde!

Dass man sagen kann ‚naiv wie ein Kind', ohne mehr zu wissen, welchen ungeheuren Verrat man an seiner eigenen Seele begangen hat! Und doch weiß noch immer jeder, was es bedeutet ... ‚naiv wie ein Kind' zu sein. Denn jeder kennt zumindest das Sprichwort ‚Kindermund tut Wahrheit kund'. Ein Kind *kann* sich noch gar nicht verstellen, weil es noch durch und durch wahrhaftig ist.

Und ein stilles Mädchen ist kein Kind mehr ... aber es hat sich genau *diese* Wahrhaftigkeit bewahrt, vor der die Erwachsenen so sehr weglaufen, dass sie die heutige Bedeutung von ‚naiv' erfunden haben, nur um sich selbst zu schützen! Und natürlich haben die Dämonen bei diesem Bedeutungswandel geholfen.

Im Evangelium gibt es diese Szene, wo das Christuswesen den umstehenden Menschen sagt: ‚Wenn ihr nicht werdet wie die Kinder, könnt ihr nicht in das Reich Gottes gelangen...' Auf unendlich viele Weisen kann man diese Worte falsch verstehen! Aber gemeint ist die bedingungslose *Wahrhaftigkeit* und Treue zu dem wahren Wesen der Seele, eine Abkehr von jeder erwachsenen Verleugnung. Und das ‚Reich Gottes' *ist* das Reich der Ideale, der Wahrhaftigkeit, einer neuen Unschuld, einer neuen Liebe...

‚Naiv'... Angeboren... Der Mensch ist aus einem Reich der Wahrheit und der Liebe herausgeboren ... er trägt genau *diese* Wahrheit noch immer verborgen in seiner Seele ... und er soll es wiederfinden. Und er soll dieses Reich der Wahrheit auch in *diese* Welt hineintragen, auf dass sie ein Abbild seines wahrhaft menschlichen Wesens werde ... und nicht ein Abbild seiner dämonischen Verführung, seines Verlorenseins in einer Fremde, die *allem* widerspricht, was sein wahres Wesen ausmacht...

Naivität bedeutet nur eines: Absolute *Treue* und Wahrhaftigkeit. Treue gegenüber dem wahren Wesen des Menschen ... in einer Bedingungslosigkeit, wie sie auch Elisa hatte. In einer Wahrhaftigkeit, wie sie jede Seele hätte, wenn sie ganz rein und *allein* sprechen dürfte ... *still* und aufrichtig ... ohne dass die Dämonen einschüchternd neben ihr stehen und ihr all die Lügen und Ausflüchte einflüstern...

Naivität erinnert an das spanische Wort ‚Navidad' – das ist *Weihnachten*. Es ist die Geburt des heiligen Kindes. Und in jeder Seele wird das heilige Kind wieder geboren, wenn sie aufrichtig wird. Immer dann wird es Weihnachten... Die Seele wird von neuem geweiht ... von allen Engeln ... denn sie ist *wahr* geworden. Sie ist wahrhaft geboren... Es gibt nichts Heiligeres als die Geburt und Offenbarung des Wahren, des wahrhaft Unschuldigen...

Blut

Jede Geburt ist ein Wunder. Das gilt für das Wunder der Seele und auch für das Wunder des Leibes.

Auch die Geburt der Weihnacht war eine *reale*. Es wird nicht erwähnt, dass Maria – die nach allen Legenden übrigens noch ein *Mädchen* war –, auch geblutet hat, aber eine Geburt ohne Blut ist nicht möglich.

Hier offenbart sich das Wunder bereits. Blut ist Leben – und seit dem Tod und der Auferstehung des Christuswesens hat das Blut noch eine viel heiligere Bedeutung, bedeutet es in Zusammenhang mit diesem Wesen auch *übersinnliches* Leben, Symbol der todbesiegenden Kraft. Aber denken wir zunächst an das Blut der gebärenden Mutter ... und an den Mythos des Pelikans. Blut ist Leben, und Blut ist *Liebe*... Nicht umsonst ist gerade das *Herz* das Zentrum aller heiligen Empfindungen. Und man spricht von ‚Herzblut', wenn man eine besonders tiefe Hingabe meint...

Jede Geburt ist ein tief heiliger Prozess ... aber nicht körperlos, sondern gerade auch das heilige Reich des Leibes betreffend. Ja, heilig! Denn der Leib ist ein Wunder. Wie könnte er sonst je Heimat für die *Seele* werden? Wie könnte er sonst je neues Leben aus sich hervorbringen ... und sei es mit Hilfe der Engel selbst? Schon jedes Organ ist ein Wunder, jedes Blutgefäß, ja jede einzelne Zelle – wie ein ganzer Kosmos! Es gibt kaum ein größeres Wunder als das des Leibes ... und man sollte die Empfindungen der Seele immer heiliger machen, die sich diesem Wunder nahen...

*

Das Gegenteil geschieht heute. Es ist, wie wenn die Menschen *Angst* vor dem Wunder hätten. So, wie sie Angst vor dem Tod haben. Hast Du schon einmal einen Bestattungswagen gesehen, der den Leib eines Verstorbenen fährt? Sie sind unsichtbar. Man weiß nicht, wann sie fahren. Der Tod wird ausgeblendet. Aber selbst die gesamte Medizin ist von einer *Heilkunst*, die Leib und Seele meinte, zu einem technisch-objektiven Vorgang degeneriert. Sachlich wird über Knie, Schulter, Organ A, Krebs B gesprochen, als ob es nicht um das Wunder eines Leibes ginge, der wiederum einzigartige Herberge einer einzigartigen Seele wäre...

Man *entheiligt* den Leib und alle Wunderprozesse in ihm – weil man vor dem Heiligen Angst hat. Und weil man sich inzwischen schon heiliger Empfindungen *schämt*, denn was denken dann die anderen, die alle sämtliche Gefühle ausblenden, so gekonnt...? Jeder Mensch hat eine Maske, und man zeigt *gar* nichts mehr, wenn man zum Arzt geht, und er zeigt auch nichts mehr ... man spricht miteinander, wie man über die neuesten Lottozahlen sprechen würde...

Aber der Leib ist heilig... So heilig, wie es nur diejenigen empfinden und zu empfinden *wagen*, die in tiefster Liebe zum ersten Mal *zärtlich* miteinander werden... Da ist es dann auf einmal vorhanden, das absolut Heilige ... das Wunder... Und selbst da auch nur, wenn man den bedingungslosen *Mut* dazu hat ... zu einer Zärtlichkeit ohnegleichen...

*

Du schäme Dich *nicht* Deines Körpers, niemals! Er dient Dir mit einer Treue, die unfassbar ist. Verleugne ihn nicht, spüre die tiefe Dankbarkeit, ja *Liebe* dafür, dass er es tut... Liebe Deinen Leib ... nicht selbstbezogen, sondern in hilfloser Dankbarkeit und heiligem Staunen über das Wunder...

Lass Dich nicht verführen, so über dieses Wunder zu sprechen und damit umzugehen wie alle anderen. Die, die ihn gedankenlos vergiften, und sei es nur für einen Tag. Die, die ihn gedankenlos durchstechen oder ‚bedrucken' und alles Mögliche damit veranstalten ohne auch nur eine Empfindung der Ehrfurcht vor diesem unendlich treuen Wunder... Oder die, die von ihm nur wie von einem notwendigen, manchmal lästigen Übel sprechen. ‚Ach, ich habe wieder meine Tage, schrecklich...'

Lass es nicht zu. Die Scham. Die Abneigung. Die Versachlichung. Die *Spaltung*. Spalte auch Deinen wunderbaren Leib nicht ab ... sondern halte ihm die bedingungslose Treue, still und unschuldig wie Elisa...

Seit vielen Jahrzehnten wurde die weibliche ‚Blutung' zu einem bloßen *Hygieneproblem* gemacht! Tampon rein und drüber schweigen. Möglichst kein Blut im Höschen, Tage überstehen und fertig. Und in der Werbung dann: ‚Fühlen Sie sich sicher und sauber mit (beliebe Marke).' Und dann sieht man eine erfolgreiche Frau, die aus irgendeinem schicken Wagen steigt oder was auch immer...

Seelenlos! Absolut seelenlose Verdrängung heiliger Prozesse – eine völlige Verleugnung ist es, die hier stattfindet! Wie kann man je erwarten, dass die Menschen die Seelenlosigkeit des Kapitalismus begreifen; dass sie den Verrat ihrer Seelen begreifen ... wenn dies schon Monat für Monat beim Verrat des *Körpers* beginnt?! Und zwar seitens der weiblichen Wesen, die doch noch am ehesten wissen, was Verrat, was Unterdrückung, was Verlust der Aufrichtigkeit ist, weil sie es doch an den männlichen so oft erlebt haben? Nun also auch *sie*...?

Jede ‚Blutung' ist die heilige Offenbarung heiligster Prozesse im Leib eines *Mädchens* oder einer Frau. Denn nichts ist heiliger als dieses Geschehen ... das mit *neuem Leben* zusammenhängt ... was für ein größeres Wunder sollte es denn geben? Und wer könnte es heiliger empfinden als ein Mädchen, das ja selbst noch so voller Leben, voller Aufrichtigkeit, so jung, so rein fähig noch zu einem aufrichtigen *Staunen*, ja zu einer zarten Ehrfurcht ist...?

Hüte diese Seelenregungen in Dir ... und *suche* sie ... und lasse nicht zu, dass die Dämonen das Gegenteil erreichen ... die Versachlichung, die Abspaltung, die bloße ‚Hygienisierung' eines Wunders! Sie verraten Dich, sie verraten Deinen Leib, sie verraten alles, was heilig ist. *Lass es nicht zu*...

*

Du kannst Dich dieses heiligen Blutes schämen, das ist trotz allem eine *aufrichtige* Seelenregung, und zwar *weil* diese Prozesse so heilig sind ... und allein schon deswegen so unendlich intim. Es ist unendlich viel besser, als wie selbstverständlich mit der Freundin über die beste Tampon-Marke zu plappern, mitten im Bus, denn die Entheiligung findet auf allen Stufen statt. Jeder möchte das Heilige über Bord werfen und es *loswerden*. Tu das nicht... Du musst nicht in *Scham* über diese Dinge schweigen, sondern weil sie *heilig* sind. Und wenn Du es wagst, darüber zu sprechen, dann wage die Heiligkeit mit...

Alle Prozesse der leiblichen Entwicklung sind heilig. Aber es gibt unendlich viele Bücher ‚für Mädchen', die das möglichst unheilig abhandeln. Sie wollen den Mädchen die Scham nehmen, denn seines Körpers schämen soll man sich doch nicht ... aber das Heilige nehmen sie gleich mit weg...

Ein wunderbares Büchlein, das das nicht tut, hat Nicole Schäufler geschrieben: ‚Vom Mädchen zur Frau. Ein märchenhaftes Bilderbuch für alle Mädchen, die ihren Körper neu entdecken'. Der Titelanfang ist leider auch nochmal eine Art Verrat. Denn ein Mädchen *bleibt* noch immer ein Mädchen, auch wenn es geschlechtsreif geworden ist. Wie gesagt, auch Maria war noch ein Mädchen. Wieso sollte man plötzlich von ‚Frau' sprechen, obwohl man noch ein Mädchen ist? Ist das nicht wie eine Verleugnung des ganzen Mädchens als Wesen? Erst Kind, dann Frau ... und dazwischen ... na ja, nicht so wichtig... Eigentlich müsste der Titel heißen ‚Vom Kind zum Mädchen' ... dann wäre er richtig!

Aber das Buch selbst ist wunderbar. Die kurzen Texte und die träumerisch-schönen Zeichnungen sind unglaublich poetisch.

Viele Feministinnen würden dies wahrscheinlich als ‚alberne Infantilisierung' bezeichnen, als das Herabziehen ‚rein natürlicher Vorgänge' in eine ‚kindische Märchenwelt', die einfach nicht existiert und nie existiert hat. Aber genau das ist eben die Frage. Die wunderschöne *Poesie* ist der realen Wirklichkeit vielleicht viel näher als die intellektuell-abstrakte ‚Erklärung' der sogenannten objektiven Naturwissenschaften und das nüchtern-entseelte Bewusstsein so mancher Feministin.

Die Dämonen freuen sich, wie seelenlos die Welt inzwischen überall betrachtet wird. Keine Wunder, kein Staunen, keine Ehrfurcht. Nackt und tot – die Wirklichkeit des Intellekts. Dieser aber ist *selbst* eine Lüge. Seine eigene Lüge... Der Verrat schlechthin. Der Intellekt kann die Seele und die volle Wirklichkeit nie erkennen – denn er ist *seelenlos*. Und unwirklich bis zum Letzten, er sieht nur das Kalte und Tote, das Berechenbare und das Gefühllose. Er ist nicht menschlich, und was er sieht, ist nicht wahr. Er sieht ein Gerippe, und er selbst ist nur noch das Gerippe der menschlichen Seele.

Die wirkliche Seele aber lebt in der Wirklichkeit. Sie ist nicht naiv, sondern *sehend*. Sie sieht das *Ganze*. Und deswegen kann sie es auch empfinden, heilig, staunend... Und das ist die *wirkliche* Emanzipation. Die Befreiung aus der Hand der Dämonen...

*

Schäme Dich also nie, dass Du etwas als *heilig* empfindest ... weil es heilig *ist*. Schäme Dich nur, es wie etwas Normales auf die Straße zu tragen ... wie es alle anderen inzwischen tun, um es *belanglos* zu machen.

Die ‚Tage' ... genauso belanglos wie Zahnschmerzen ... oder der morgige Friseurtermin. Der ganze Körper wird nur noch *verwaltet*. Er hat einem zur Verfügung zu stehen, weiter nichts. So, wie die Erde dem Kapitalismus zur Verfügung zu stehen hat. Sie hat einfach zu *funktionieren* – fertig.

Empfinde Du den ganzen schlimmen Verrat daran... Das Heilige in allem. Gerade auch im Blut.

Nicht umsonst gilt auch die *Rose* als edelste aller Blumen. Nicht umsonst hat es einen so unendlich besonderen Klang, wenn zwei Mädchen in einem Märchen Schneeweißchen und Rosenrot heißen. Beide Namen berühren die grenzenlosen *Unschuldskräfte* der Seele. ‚Schneeweißchen' berührt die absolut reine Unschuld, wie sie auch die Schneeflocken erlebbar machen, der Schnee, bevor der erste Fuß ihn betritt... Und ‚Rosenrot' berührt das heilige Geheimnis absolut unschuldiger *Liebeskräfte* und einer heiligsten Liebe zum Guten schlechthin.

Jedes stille Mädchen ist ein ‚Schneeweißchen' und ein ‚Rosenrot', vor allem dann, wenn es auch seine ‚Tage' als *heilige* Tage empfinden kann...

IDEALISIEREN

Und nun muss ich noch einmal darüber schreiben – über das, was dem stillen Mädchen immer und immer wieder vorgeworfen werden wird: dass es ‚idealisiere'.

Ich habe schon alles darüber geschrieben, aber es kann so schnell verloren gehen, zwischen den harten Steinen der Erwachsenenworte, und das Mädchen kann es so schnell wieder vergessen, was es eigentlich wusste ... nicht vergessen, aber nicht die richtigen Worte finden, nicht die richtige Erwiderung ... oder viel zu spät, wieder einmal viel zu spät ... erst wieder dann, wenn sie allein ist. Und wieder war sie nur *still* gewesen ... hatte still die Steine ertragen und war still in ihre Einsamkeit zurückgekehrt...

Ich spreche nicht umsonst von ‚Steinen'. Die Gedanken der Erwachsenen sind steinhart und tot wie Stein – und sie werden ihnen von den Dämonen gereicht, damit mit ihnen Mädchen wie Du gesteinigt werden – Mädchen, die noch *lebendige* Gedanken, lebendige Empfindungen haben. ‚Steinigt sie!', ertönt unsichtbar der Ruf ... und schon hagelt es die Gedanken, die Steine sind...

*

Man kann Steine nicht überzeugen. Es werden immer Steine bleiben. Oder aber ... vielleicht wird irgendwann, in einer nicht näher bestimmten Zukunft, eine Zeit anbrechen, in der auch wieder *Steine* zum Leben erweckt werden können. Oder aber Gedanken, die noch harter und toter sind als selbst der Stein...

Den toten Intellekt kann man nicht überzeugen. Nur eine Seele, die sich berühren lässt ... und aufgrund der Berührung von jenem toten Intellekt *ablässt* ... oder, anders ausgedrückt, sich aus dessen unsichtbaren Klauen *befreien* kann. Du siehst, man kommt immer wieder zu Bildern, die den Märchen unendlich nahestehen, denn die

Wirklichkeit *ist* ein Drama, das dem der Märchen in nichts nachsteht.

Aber den *Intellekt* wird man nie überzeugen können. Er wird immer meinen, alles, was über das von ihm tot ‚Erkannte' hinausgeht, sei bloße ‚Fantasie', ‚Idealisierung', ‚Romantik', ‚Träumerei', ‚Naivität' – und wie die Worte alle heißen, mit denen der Intellekt meint, das selbstverständliche Todesurteil ausgesprochen zu haben. Aber tot ist nur er! Er erkennt das Leben und die Wahrheit nicht, und wird nie dazu fähig sein. Denn er ist selbst etwas Erstorbenes. Er ist der erstorbene Geist, der alle Dinge noch lebendig erkennen könnte!

Wenn ich den reglosen Leib eines Verstorbenen sehe und weiß, seine Seele, sein Wesen, *ist* jetzt noch irgendwo, noch immer; wenn ich eine Blume sehe und weiß: Das ist *mehr* als ein paar Moleküle, die zufällig nach einem ‚Urknall' eine ziemlich verrückte ‚Evolution' durchgemacht haben ... wenn ich dasselbe beim Anblick eines singenden Rotkehlchens weiß und spüre ... und erst recht, wenn ich einem stillen Mädchen in die Augen blicke und dort etwas sehe, was sich mit nichts erklären lässt, was die Wissenschaft mir ‚liefert' ... dann weiß ich um die *Wahrheit*.

Was der Intellekt ‚Naivität' nennt, ist *Erkenntnis* ... die aufrichtige Erkenntnis der noch reinen, unverfälschten, unverführten Seele. Und jedes Idealisieren ist der Versuch der Seele, zu der *gewussten* Wirklichkeit ganz real vorzudringen. Es sind wahre Gedanken – wahrer als alles, was die Dämonen uns reichen.

Selbst da, wo ein *Mensch* uns enttäuscht, den wir zunächst idealisiert hatten, straft er nicht etwa unseren ‚naiven Glauben' Lügen, sondern *sich selbst*, denn er hätte so schön sein *können*, wie wir ihn sahen, und zwar in jedem Moment. Jeder Mensch ist fähig, so zu werden, wie er sich in Momenten aufrichtigster Sehnsucht auch selbst sieht, als etwas unendlich zart Ideales... Und wenn wir ihn *genauso* sehen, kann das nie falsch sein, es ist immer eine Wahrheit ... aber sie *kann* verraten werden. In jedem Moment. Und das tun wir alle fortwährend. Und trotzdem kann man die Wahrheit *sehen*.

Auch das immer wieder. Idealisieren ist nichts anderes als Wahrnehmen – wir nehmen den Anderen wahrer, als vielleicht er sich selbst je genommen hat. Aber wir nehmen ihn *wahr*. Was wir wahrnehmen, ist sein *Wesen*. Nur hat er es vielleicht noch nicht wahrgemacht, vielleicht nur einen Moment lang, vielleicht auch nie. Aber wir *sehen* es...

Idealisieren ist also Wahrnehmen. Eine Wahrheit, die die Naturwissenschaft oder der Intellekt nie kennen werden, weil sie sich weigern, die *Seele* aufblühen zu lassen, sie gerade abschaffen. Nur die Seele kann sehen, wahrhaft sehen. Was ist uns mit dem Toten gedient? Gar nichts. Das Tote kann vielleicht Straßen bauen, Häuser, Mauern errichten – und noch vieles andere. Aber nützt es der *Seele* etwas? Nein. Erst wenn wir wieder den Mut haben werden, die Seele selbst handeln zu lassen, handeln, empfinden, *sehen* zu lassen ... wird die Welt menschlich werden.

Was ist dann Romantik? Romantik ist die heilige Schule, sehen zu lernen... Romantik ist jenes Reich, in dem die Seele lernt, wieder sich *selbst* zu vertrauen ... und niemandem sonst. Keinem Intellekt. Keinen Dämonen. Keinen Erwachsenen, die davon befallen sind. Die Seele selbst *weiß*, was sie sieht, was sie empfindet, welchen Kosmos von Empfindungen, Gedanken; eine heilige Welt, die sich ihr eröffnet ... und von der sie weiß, dass sie *wahr* ist. Das ist Romantik.

*

Und wie gesagt – man kann den Intellekt nicht überzeugen. Er wirft einem einen ‚naiven Glauben' vor ... aber auch er *glaubt* ja seinen eigenen Märchen. Es ist nichts anderes. Er ist fest überzeugt davon, dass sie wahr sind. Heilen kann man ihn nicht. Er kann sich nur selbst heilen... Und wenn er von der unschuldigen Wahrheit nicht berührt wird, dann ist er unheilbar... Selbst das Christuswesen konnte nur die heilen, die geheilt werden *wollten*.

Geh also sicheren Schrittes durch den Sumpf, rechts und links die wabernden Löcher der Dämonen, die Dich *herabziehen* wollen, aber Du bleibst auf dem Weg, der mitten hindurch führt, geleitet von Deinem eigenen Herzen ... und behütet von den Engeln, die treu an Deiner Seite bleiben wie Du an der ihren...

Offenbarung

Die Dämonen verbergen sich. Aber die Seelen der Menschen tun das auch. Überall sehen wir Masken, Unterdrücktes, wir sehen die ‚Coolness' selbst bei jenen, die nicht ausdrücklich cool sind oder sein wollen. Erinnere Dich an den Besuch beim Arzt. Oder an Bus und Bahn: Gelangweilt aussehende Menschen, die alle auf ihr Handy starren. Masken. Niemand möchte sich als *Seele* zu erkennen geben.

Keine Unsicherheit zeigen – am besten *gar* keine Regung. Nur bei Freunden, nicht bei Unbekannten. So begegnet Mensch dem Menschen als *Maske*, nicht als Mensch. Die menschliche Begegnung wird abgeschafft, nicht einmal für Augen-Blicke reicht es. Zufälliger Augenkontakt? Mist, schnell weggucken...

Das geht so weit, dass dann, *wenn* einen in der Bahn jemand anschaut, man sofort denkt, ob etwas mit einem selbst nicht stimmt ... oder ob er verliebt ist! Wie konnte das passieren? Dass das Menschliche derart ausgerottet wird? Nur, weil auf diese Weise alles viel *einfacher* ist? Welche dämonische Idee, die Welt dadurch ‚einfach' zu machen, dass man sich nicht mehr anschaut!

*

Der Mensch sollte sich offenbaren – und nicht verbergen.

Viele versuchen, über das Äußere etwas von ihrem Wesen zu zeigen. Sie wollen individuell sein und suchen sich etwas, was ihnen ‚gefällt'. Sie tragen dann zum Beispiel eine spezielle Jacke, Kleidung die ihnen gefällt, eine Hose mit sehr individuellen (?) Rissen und Löchern ... eine spezielle Frisur, vielleicht sogar gefärbte Haare ... und dann vielleicht auch Piercings, Nagellack und so weiter und so fort.

Die Sehnsucht nach einer individuellen *Erscheinung* ist unverkennbar. Hier schreckt man sogar *nicht* davor zurück, regelrecht aufzufallen. Jedes komplett grün oder violett gefärbte Haar bezeugt, dass Menschen sogar den Mut haben, in jedem Moment alle Blicke auf sich zu ziehen. Es ist im Grunde der Mut, sich nicht zu *verstecken*, der sich darin zeigt. Aber in der Mimik tut man es noch immer.

Die mutigste Seele ist jene, die nicht die Haare ihres Leibes färben muss, die am wunderschönsten so sind, wie sie sind, sondern die mit *aufrichtiger Unschuld* in die Welt zu blicken wagt... Nicht nur, um sich zu zeigen, wie sie wirklich ist ... sondern auch, um die Welt zu sehen, wie sie wirklich ist. Nur die Unschuld sieht *wirklich*...

Man sieht nur mit dem Herzen gut, heißt es im ‚Kleinen Prinzen'. Wenn man also sehen will, muss man es auch mit dem Herzen *tun*. Wenn das eigene Herz nicht mehr unschuldig ist, kann man natürlich auch nicht mehr so *blicken* ... aber selbst dann kann man sich um eine neue Unschuld bemühen. Und überhaupt blicken alle Menschen fortwährend weniger unschuldig, als sie es in Wirklichkeit im tiefsten Inneren sind. Jedes stille Mädchen, dass es also wieder *wagt*, so zu blicken, wie es wirklich ist ... *ermutigt* alle anderen Seelen dazu, es auch wieder zu tun...

*

Und jetzt kommt der ‚Rest'... Der heilige Rest! Alles, was über den Blick hinausgeht...

Du musst natürlich für Dich selbst entscheiden, wieviel Du wagst. Und natürlich auch, wer Du bist ... und sein willst. Aber man kann auch einmal für einen Tag jemand ganz *anderes* sein wollen, und sei es nur probeweise ... um einmal zu spüren, wie das ist ... und ob es nicht vielleicht noch viel mehr mit einem zu tun hat, als man dachte...

Ich spreche also einmal von der Kleidung, die ja so viel *offenbart*, sichtbar macht, ausdrückt ... oder auch nicht.

Und wieder sind es aufrichtige *Gedanken*, keine ‚Empfehlungen' oder gar ‚Vorschriften'... Vielleicht machen sie Dir *Mut* zu etwas, was Du ohnehin leise und bisher nur schüchtern in Dir getragen hast ... oder sie berühren nur sehr wenig in Dir. Das macht auch nichts, wenn Du nur hoffentlich das Buch nicht doch gleich aus dem Fenster wirfst... Aber vielleicht fängt es dann ein anderes Mädchen.

Aber wieder ohne zarten Humor: Dieses Buch soll *Dir* dienen ... auf keinen Fall andersherum! Alles, was *Du* als wahr empfindest, soll es stärken helfen ... und alles, was für Dich bis zuletzt nicht wahr ist ... darüber musst Du dann hinweggehen, sanft und liebevoll ... in dem Wissen, dass es für *andere* stille Mädchen vielleicht sehr wohl wahr ist...

Also gut, kommen wir zum Thema ‚Kleidung'... Es ist natürlich ganz klar, dass ein Mädchen, das gerade vorhat, irgendwas zu arbeiten oder auf Bäume zu klettern oder irgendetwas in der Art, nicht gerade ein enges Abendkleid anziehen wird, sondern eine schön verwaschene *Jeanshose*. Und zweitens, dass sie, jetzt einmal wirklich wie Pippi Langstrumpf, anzieht, was ihr *gefällt* – und zwar jeden Tag neu.

Was ich im Folgenden zu beschreiben versuche, ist eine ganz andere *Ebene*, und so hofft es auch, verstanden zu werden, nicht anders. Dieses ganze Buch handelte eigentlich nie von der bloßen Ebene des ‚Gefallens'. Aber jetzt wird es doch wichtig, dies noch einmal zu unterscheiden und zu betrachten.

*

Selbstverständlich darf jeder Mensch jederzeit tun und lassen, was ihm gefällt, sofern es niemandem schadet. Aber – vielleicht schadet es ja seiner eigenen Seele?

Berührt hatten wir diese ganze Frage schon oft. Es geht um den *Selbstbezug*. Sobald man tut, was einem *gefällt*, ist man bereits in genau diesem Erleben darinnen. Es geht um die *eigenen* Empfindungen des ‚es gefällt mir', ‚ich habe Spaß', ‚ich will Spaß' und so weiter... Gefallen ist nicht gleich ‚Spaß', aber es geht schon in die Richtung.

Etwas ganz anderes ist es, wenn ein Mädchen etwas *schön* findet. Wenn sie zum Beispiel ihr Zimmer in einer bestimmten Weise gestaltet, weil es einfach *schön* ist, weil sie ein aufrichtiges Schönheitsempfinden hat. So kann es natürlich auch mit der Kleidung sein. Sie kann etwas anziehen, weil sie es *schön* findet. Weil es ihr in *diesem* Sinne gefällt.

Der andere Sinn dagegen wäre: ‚weil ich heute *Lust* darauf habe'. Es ist sehr wichtig, diesen entscheidenden Unterschied genau zu spüren. Das Empfinden für Schönheit ist in der Seele des Mädchens sehr selbstlos. Worauf jemand dagegen *Lust* hat, stürzt die Seele ganz in den Selbstbezug hinein. Im einen Fall geht es dem Mädchen um ein sehr unschuldiges Empfinden von Schönheit, das gar nichts mit ‚Lust' zu tun hat, weil die Seele von Schönheit einfach berührt wird, ohne dass eigen-sinnige ‚Lust' hier irgendeine Rolle spielt ... aber im anderen Fall geht es um das, was die *Seele* will, egal, ob es schön ist oder nicht, sie hat einfach *Lust* darauf...

Und gerade bei der Kleidung ist genau der Übergang. Hier kann es nämlich fortwährend *beides* sein: Dass die Seele etwas schön findet – und dass sie Lust darauf hat, es anzuziehen...

Und ... man kann es natürlich nicht als schlimm bezeichnen, wenn eine Seele ‚Lust' auf etwas hat... Aber, wie Du vielleicht immer wieder spüren konntest, geschieht etwas sehr Entscheidendes in der Seele, wenn sie dieses Reich des *Selbstbezuges* betritt. Und dieses Entscheidende ist: Sie wird schwer wieder daraus *herauskommen*. Es gibt nun einmal genau diese zwei Reiche: Den Selbstbezug ... und ein viel unschuldigeres Reich, in dem dieser noch nicht ‚angezogen' wird. Ja – auch der Selbstbezug ist etwas, was die Seele anzieht, es ist ein völlig anderes Selbst ... und sehr schwer kann sie sich wieder ‚entkleiden' und *unschuldig* werden.

Man kann jederzeit tun, worauf man ‚Lust' hat ... aber mit jedem Mal wird man mehr das *andere* Reich verlassen ... jenen Zustand, in dem die Seele eine viel *unschuldigere Hingabe* an alles kennt und spürt. Wenn die Seele beginnt, *selbst* alles zu ‚wollen', heute Lust auf dieses, morgen auf jenes zu haben, verlernt sie im selben Atemzug, sich selbstlos von der *Außenwelt* berühren zu lassen.

Wenn sie also ihre Kleidungswahl und anderes ihrer bloßen ‚Lust' überlässt, wird sie zwangsläufig den kleinen *Kolibri* verlieren... Oder das zarte Empfinden, mit dem ein viel unschuldiger empfindendes Mädchen noch sein Zimmer schmücken konnte... Tief selbstlos und doch so unendlich *wahr* empfindend, auch ganz individuell, aber eben zugleich noch wirklich unschuldig...

Hoffentlich konnte ich es gut beschreiben... Ich schrieb, dass das Stille eines stillen Mädchens vielleicht die größte Kostbarkeit ist, die es gibt. Weil es mit dieser aufrichtigen Hingabekraft zu tun hat, die keine andere Seele so innig kennt. Aber mit jeder bloßen ‚Lust'-Entscheidung geht die Stille gerade verloren. Wenn Du also von dem Stillen *loskommen* willst, brauchst Du nur immer das zu tun, worauf Du gerade ‚Lust' hast ... und in Kürze wird es verschwunden sein. Du wirst kein stilles Mädchen mehr sein, was Du ja auch gar nicht wolltest...

Wenn Du es aber, trotz aller auch leidvollen Einsamkeit, sehr *wohl* als eine kostbare Heimat empfindest, dieses Stille, dieses schüchtern Zurückhaltende der Seele, das sich gerade *deshalb* andererseits auch so zart *hingeben* kann ... dann hüte Dich vor dem bloßen ‚Lust'-Haben! Nichts ist dem Stillen gefährlicher...

*

Geh immer nur bis zu der Grenze, wo Dir etwas gefällt, weil Du es *schön* findest. Gib Dich *diesem* Empfinden hin – und nicht jenem letzten Schritt, einfach *Lust* darauf zu haben. Denn dann würdest Du sofort das andere verlieren. Das tief unschuldige Empfinden der Schönheit... Sie würde Dir entgleiten. Und zurückbleiben würde nur noch die bloße Lust ... die immer fader werden wird, weil Du die Tiefe der Dinge gar nicht mehr empfinden wirst, nur noch Dein eigenes Empfinden von Lust und Unlust...

Versuche, diesen Zusammenhang zu *spüren*. Versuche spürend und mit dem *Gefühl* zu verstehen, warum das so sein *muss*...

Wo der Selbstbezug eintritt, da muss die Unschuld fliehen... Du kannst auch noch einmal das Märchen ‚Frau Holle' lesen. Wo man beginnt, wie die Pechmarie nach ‚Lust' und ‚Unlust' zu gehen, da *spürt* man nicht mehr die Verbundenheit mit allem ... dann ist das Brot nur noch Brot, die Äpfel nur noch Äpfel, alles kann sich *selber* helfen, wenn es will, man selbst ist sich plötzlich zu schade dafür und spürt gar nichts mehr. Nicht einmal mehr die zarte *Schönheit* von allem... Selbst das nicht mehr...

*

Eines aber gibt es noch, was die Seele unschuldig bewahrt, außer der Schönheit. Es ist die *Freude*. Wenn es Dir *Freude* macht, eine verwaschene Jeans anzuziehen, weil Du damit jederzeit rennen könntest; weil Du Dich darin einfach *wohlfühlst* ... dann tue es!

Und spüre den tiefen Unterschied... Zwischen ‚Lust' und einem ganz unschuldigen Sich-Wohlfühlen. Zwischen unschuldiger Freude und dem Selbstbezug von ‚ich habe Lust / ich habe keine Lust'.

Wenn Du den Unterschied nicht sofort spürst, kannst Du ihn Dir vielleicht auch so verdeutlichen: Wenn man sich in etwas wohlfühlt oder eine unschuldige Freude an etwas hat und sich dann vorstellt, dass es nicht *möglich* ist, empfindet die Seele ein ebenso unschuldiges *Bedauern*, ein zartes ‚Schade...!' Wenn aber *Lust* im Spiel ist und es ist nicht möglich, wird die Seele ärgerlich, schlecht gelaunt. Es ist der genaue Spiegel des Selbstbezuges im Negativen: Eine diffuse schlechte Laune im letzteren Fall, ein ganz unschuldiges, etwas trauriges ‚Schade...' im anderen Fall.

Die reine Seele mit ihrer Hingabekraft kann jederzeit auch *verzichten* und empfindet dann nur ein unschuldiges Bedauern, ohne dass es in selbstbezogene Reaktionen wie *Laune* hineingeht. Die reine Seele empfindet Schönheit, sie empfindet Trauer, Freude, ein zartes Sich-Wohlfühlen ... aber nicht Lust und Laune, nichts, was in diesen *Selbstbezug* hineinführt. Sie hat vielleicht unschuldige *Bedürfnisse*, aber sie erhebt nicht die *Anspruchshaltung*, dass sie auch erfüllt werden.

Aber die Übergänge sind fließend – und nur die Seele selbst kann entscheiden, wie sehr sie sich im Reich der Unschuld halten will ... um dann auch den Mut dazu zu haben!

*

Jetzt aber sind wir endlich bereit für ein Eintauchen in das Reich der Kleidung...

Die Frage ist: Gibt es auch Kleidung, die wirklich das Wesen der Seele offenbaren kann? Und wenn ja: Kann sich die Seele darin dann auch *wohlfühlen*? Im Grunde muss sie sich wohlfühlen, wenn es eine solche Kleidung ist, die ihr ganzes Wesen offenbart, weil sie endlich eine unendliche Übereinstimmung empfindet, eine absolute Harmonie zwischen sich und ihrem äußeren Kleid, abgesehen von dem Leib, der ja *auch* ihr Kleid ist...

Dazu bedarf es natürlich eines sehr großen Mutes, zunächst einmal sein wahres Wesen tief zu erkennen ... und dann auch den Mut, sich bis in die äußere Offenbarung hinein dazu absolut offen und schutzlos zu bekennen...

Ich spreche jetzt wieder nur von einem heiligen Ideal. Vielleicht macht es Dir Mut. Oder Du empfindest es nicht als zu Dir zugehörig – dann lies es einfach nur mit aufrichtigem Interesse, ohne Dich selbst angesprochen zu fühlen.

Für mich ist das Kleid und das Mädchen, insofern es unschuldig vorgestellt wird, eine tiefe, heilige Einheit, ein Urbild absoluter Harmonie. Hätte es das Kleid für das Mädchen nicht gegeben – es hätte erfunden werden müssen. Wie sehr entspricht dieses im Laufen und schon bei jedem Schritt zart Wehende, zart sich Anschmiegende und immer sanft Bewegliche eines Kleides dem Wesen eines Mädchens! Alles Andere wäre viel zu fest, zu unbeweglich, zu unsanft und ein viel zu geringes *Wunder* ... um die Offenbarung eines *Mädchens* zu sein... Nichts kommt an die Schönheit eines Kleides auch nur von ferne heran ... und nichts an die Schönheit eines stillen Mädchens und seiner Seele...

Ein Mädchen kann sich gar nicht vorstellen, wie berührend seine Erscheinung für ein Wesen ist, das *kein* Mädchen ist. Und das gilt sowohl für seine innere Erscheinung – die Seele – als auch für seine äußere. Es gibt vielleicht nichts Berührenderes als ein Mädchen in einem Kleid, weil es die absolute Harmonie von *zwei* Wahrnehmungen ist, die sich gegenseitig steigern, da sie eine so unendliche Einheit bilden...

*

Und nun will ein stilles Mädchen natürlich alles eher, als Menschen ‚berühren' oder was auch immer – das ist ja unmittelbar verständlich. Aber es berührt Menschen und Seelen von Menschen ohnehin, auch ohne Kleid!

Tatsache ist doch, dass alle Menschen auf der Flucht sind – vor sich selbst. Und dass die Welt *deshalb* so aussieht, wie sie aussieht. Wir tragen Masken in der Bahn, auf der Straße, im ganzen Leben. Wir tragen Masken, wenn wir Fleisch essen, weil wir nicht an die Massenhaltung in den engen Käfigen denken. Wir tragen Masken bei den Nachrichten, weil wir gegen die Meldungen abgestumpft sind. Wir tragen Masken gegenüber dem Kapitalismus, weil wir wissen, dass er den Planeten zerstört ... und es dennoch verdrängen und uns einreden, der Kapitalismus sei alternativlos. *Wir tragen ständig und immer Masken.*

Und es gibt nur *eines*, was diese Welt verändern kann – und das ist die Berührung.

Immer wenn eine Seele von etwas *berührt* wird, wird sie ein leises, ein zartes Stück geheilt. Und das ist die einzig mögliche Heilung. Berührung...

Du hast also die Wahl, stilles Mädchen! Und Deine Tragik ist: Du leidest an allem *sowieso* am meisten! Niemand empfindet so tief wie Du. Niemand trägt so wenig Maske wie Du. Niemandem geht der Kolibri, gehen die Eisbären und gehen auch die Tiere in den Ställen und Schlachthäusern so nahe wie Dir... Dann hab doch den Mut, die Menschen wieder zu *berühren*... Den letzten Mut: sie sogar schon durch Deine bloße Erscheinung wieder zu berühren...

Unzählige Menschen werden auch ihre eigene Sehnsucht nicht mehr vergessen können, wenn sie einmal wahrhaft berührende Aufrichtigkeit und, ja, auch Unschuld gesehen haben. Unschuld, gepaart mit dem *Mut* dazu ... ist etwas, was Seelen *erschüttern* kann. Und sie *brauchen* diese Erschütterung, um aus den Klauen der Dämonen befreit zu werden. Unzählige werden es nicht mehr vergessen können ... und auch selbst leise wieder aus ihren Gefängnissen ausbrechen, die sie sich selbst geschaffen und in die sie sich haben sperren lassen.

Und selbst wenn es nicht so wäre! Selbst wenn die Menschen so tun würden, als sähen sie Dich nicht ... wie sie auch grüne Haare sehr anonym übersehen ... ist es nicht allein schon wichtig, dass *Du* es wagst, mit Deinem eigenen Wesen in Übereinstimmung zu sein? Den Mut dazu zu haben? Und, obwohl Du es nicht merkst, sehr wohl die Herzen zu heilen ... denn während grüne Haare absolut gleichgültig lassen, wirst Du Menschen auch da berühren, wo sie sich nichts *anmerken* lassen, allein schon, um *Dich* nicht zu beschämen, aus zarter Liebe und Dankbarkeit *Dir* gegenüber...

*

Die Farbe der Unschuld ist Weiß... Ich gehe nicht davon aus, dass Du es auch noch wagst, in einem *weißen Kleid* durch das Leben zu gehen ... ich erwähne es nur trotzdem.

Schneeweißchen und Rosenrot... Die heiligen Urbilder sind grenzenlos berührend, weil die absolute Wahrheit immer erschüttert – jedenfalls da, wo die Seele überhaupt noch so tief berührt werden kann.

Die Grenze der Offenbarung ist die Scham. Wir schämen uns, eine absolute Unschuld zu offenbaren – in einer Welt, in der die Unschuld so verschwunden scheint. Wir schämen uns schon, im Kino zu weinen ... wie also könnte ein stilles Mädchen den Mut haben, ein weißes Kleid zu tragen! Ein Mädchen, das sich sowieso immer am meisten schämt, obwohl es andererseits immer am aufrichtigsten ist...

Ich habe zwei Romane geschrieben, in denen Mädchen sich ausdrücklich genau dazu entscheiden, weil sie die Welt verändern wollen: ‚Sonnenmädchen' und ‚Mädchenaufstand'. Wenn Du willst, kannst Du sie lesen, um einmal zu spüren, wie das vielleicht wäre, zumindest ansatzweise... In einem anderen Roman, den ich schon erwähnt hatte, ‚Um Gottes willen', näht sich ein Mädchen ganz selbst ein Kleid und setzt sich damit und auch durch ihren religiösen Glauben dem Spott ihrer Umgebung aus... Solche Bücher können Dir vielleicht helfen, *Deinen* ganz eigenen Weg zu finden, wie auch immer dieser dann aussehen mag.

*

Zur Kleidung gehört auch der Schmuck. Etwas tief Berührendes sind auch weiße Haarbänder. Etwas, was nicht einfach ‚Schmuck' ist, sondern ganz unmittelbar *Unschuld* symbolisiert. Normalerweise haben Mädchen dazu höchstens einmal in ihrem Leben den Mut: wenn sie gläubig sind und die Kommunion erleben...

Aber wie kann es sein, dass wir in der Kirche den Mut zur Unschuld haben, nicht aber im übrigen Leben? Wie kann es sein, dass wir in der Kirche unsere Seele so rein machen wie nur möglich ... es aber im ganzen übrigen Leben überhaupt nicht *wagen*?

Was auch immer Du wagst – Du wirst die Menschen damit *beschenken*. Ihre Seelen. Ihre gefangenen Seelen, die sich nach Befreiung sehnen. Nach Mut, den sie nicht haben. Nach Berührung, die sie erst wieder empfinden lernen müssen. Nach Tiefe, die sie in Deiner Aufrichtigkeit wieder sehen werden. Nach stiller Schönheit, die Du in zartem Mut einfach offenbaren wirst.

Die stillen Mädchen sind die mutigsten. Was auch immer sie wagen. Sie waren es schon vorher.

Jede Offenbarung von Wahrhaftigkeit heilt – und die stillen Mädchen offenbaren sowieso immer am meisten. Je mehr sie wagen, desto mehr werden sie die Seelen heilen. Und irgendwann wird die *Zeit der Mädchen* kommen... Du aber, stilles Mädchen, bist schon jetzt Teil dieser heiligen Zukunft. In Dir offenbart sie sich bereits – was auch immer *Du* offenbaren wirst...

Nachwort

Dieses Büchlein geht nun zu Ende. Mein Wunsch war es, Dir und anderen stillen Mädchen *Mut* zu machen – den Mut, sich rückhaltlos zu dem eigenen Wesen zu bekennen, sich dessen nicht zu schämen, sondern, im Gegenteil, in bescheiden-unschuldiger Weise *stolz* darauf zu sein – stolz und auch dankbar...

Mein Wunsch war es, dass Du *erleben* kannst, was dieses Wesen ausmacht, wie kostbar es ist, wie einzigartig ... obwohl gerade jeder Mensch nach dem streben sollte, was Deine Seele durch ihr Wesen so sehr behütet. Und ich bin dankbar, wenn dieses Buch Dir geholfen hat, zu verstehen, dass Du zwar allein bist, dass es aber – was Du immer schon geahnt hast – nicht und niemals so sein *sollte*.

Und ich bin dankbar, wenn Du erleben konntest, dass Du *nicht* allein bist – denn es gibt andere Mädchen wie Dich, es gibt die Engel, die gerade in *Eurer* Nähe sind ... und es gibt die Menschen, die unendlich dankbar sind, dass es gerade Euch gibt, denn ihr zeigt allen Menschen, was diese Erde allein retten kann. Und ihr zeigt es nicht nur, ihr berührt sie – ihr berührt die Menschen und heilt sie fortwährend.

Bitte sei mir nicht böse für diejenigen Dinge, die für Dich in diesem Buch vielleicht *nicht* gestimmt haben. Vielleicht ja *noch* nicht. Aber selbst wenn überhaupt nicht – Du weißt ja jetzt, wie ich sie gemeint habe.

Ich wünsche Dir von ganzem Herzen, dass Du Deinen Weg finden wirst, ohne Dein wunderbares Wesen zu verlieren. Mache diesen ganzen Weg zu etwas Wunderbarem... Die Schönheit Deiner Seele ist mit Dir, die Engel sind bei Dir, Mut ist in Dir, die Welt liegt vor Dir... Geh und lebe...!